相談支援専門員のための

ストレングスモデルに基づく障害者ケアマネジメントマニュアル

サービス等利用計画の質を高める

監修
小澤 温

編集
埼玉県相談支援専門員協会

中央法規

はじめに

　本書は「ストレングスモデル」を用いたケアマネジメントの進め方の解説書である。最初に、なぜ、この本の出版に思い至ったかについて簡単に述べたい。

　「ストレングスモデル」の解説、翻訳書に関しては、すでにかなり存在しているが、いずれも、考え方の解説に留まっていて、実際のわが国の障害者福祉(場合によっては高齢者福祉)の実践現場での応用に関して参考になる本がほとんどないことが第一の要因である。また、ストレングスモデルは、カンザス州の実践をもとにカンザス大学により開発されてきた経緯があるため、わが国の制度・文化の文脈に即した実践的な学習、研修テキストはほとんどないことが第二の要因である。

　幸い2007年と2014年の2度にわたって、われわれはカンザス大学メンタルヘルス研究・イノベーションセンターでストレングスモデル研修を受講する機会が与えられ、そこで用いられているテキスト、実際の研修の進め方を学ぶことができた。さらに、2010年から現在に至るまで、埼玉県相談支援専門員協会の中心的なメンバーの協力を得ながら、埼玉県内のいくつかの地域で相談支援専門員と行政と協力しながらストレングスモデル研修を推進してきた。これらの経験と研修実績をもとに、わが国の実情にふさわしいストレングスモデルの学習・研修テキストの作成により、これまで以上に地域での研修を推進することの重要性を確信するに至った。さらに、障害者総合支援法では、これまでのサービス等利用計画作成をより利用者中心の計画作成に変えて行く方向で見直し検討が進んでおり、本書はこの取り組みに貢献しうる時宜を得たものと確信している。

　本書は、たいへん多くの方の協力があって完成した本である。特に、カンザス大学での研修に尽力し、アメリカの実践現場や制度の実情に関してわれわれに貴重な情報を提供してくれた福井貞亮氏、カンザス大学の研修で熱心に指導をしてくれたリック・ゴスチャ氏ならびにセンタースタッフの皆さん、日本での研修モデルの確立のために研修実践の場を提供し続けてくれた埼葛北圏域自立支援協議会の岩上洋一氏ならびに協力してくれたメンバーの皆さん、カンザス大学の研修テキストの下訳を分担してくれた筑波大学の社会人大学院生の皆さんの協力には深く感謝したい。

　最後に、この企画の編集出版を短期間で進めていただいた中央法規出版の野池隆幸氏のおかげで、この度、刊行することができ、心から感謝したい。

小澤　温

目次

はじめに

第 I 部 ストレングスモデルに基づいた研修の特徴

第1章 日本におけるストレングスモデルに基づいた研修と実践の展開

1. 障害者ケアマネジメントの展開 ･･････････････････････････ 4
2. 障害者ケアガイドラインの概要 ･･････････････････････････ 4
3. 障害者総合支援法とサービス等利用計画の義務化 ･････････ 7
4. サービス等利用計画の目的と内容 ････････････････････････ 9
5. ストレングスモデル研修の地域での展開 ･･････････････････ 15
6. 本書の作成の経緯と使用している用語について ････････････ 19

第2章 アメリカ・カンザス州におけるストレングスモデルの展開と研修の取り組み

1. ストレングスモデルの展開 ･･････････････････････････････ 24
2. ストレングス視点とモデル〜フィデリティ指標(実施忠実度尺度)の誕生 ･･･ 38
3. まとめ ･･ 45

第 II 部 ストレングスモデルに基づいたケアマネジメントの進め方

第1章 新しい生き方の再発見：ストレングスモデルの基盤

1. 新しい生き方の再発見(リカバリー)という見方がなぜ必要なのか？ ･･･ 52
2. 障害のある人と関わるうえで大切なこと：共感的な理解を生み出すには ･･･ 52
3. 障害のある人にとって新しい生き方の再発見(リカバリー)の意味するものと意味しないもの ･･････････････････････ 54
4. 心の糧(パーソナルメディシン)を理解する ････････････････ 55

❺新しい生き方の再発見（リカバリー）の5段階
── 阿部清子（アベキヨコ）さん（仮名）のストーリーをもとに ⋯⋯⋯⋯⋯ 60

第2章 ストレングス視点に基づいたアセスメント

❶ ストレングスの4つの側面 ⋯⋯⋯⋯⋯⋯⋯⋯⋯⋯⋯⋯⋯⋯⋯⋯⋯⋯⋯ 64
❷ ストレングス視点に基づいたアセスメント実施時の姿勢 ⋯⋯⋯⋯⋯⋯ 66
❸ ストレングス視点に基づいたアセスメントの特徴 ⋯⋯⋯⋯⋯⋯⋯⋯⋯ 67
❹ ストレングス視点に基づいたアセスメント項目の説明 ⋯⋯⋯⋯⋯⋯⋯ 73

第3章 関係づくり：利用者との信頼関係をつくる

❶ 支援的な関係の重要な要素 ⋯⋯⋯⋯⋯⋯⋯⋯⋯⋯⋯⋯⋯⋯⋯⋯⋯⋯ 88
❷ ストレングスモデルにおける強い信頼関係づくり（エンゲージメント）
　のために必要な態度 ⋯⋯⋯⋯⋯⋯⋯⋯⋯⋯⋯⋯⋯⋯⋯⋯⋯⋯⋯⋯⋯ 89
❸ 信頼関係づくりのシナリオ（練習） ⋯⋯⋯⋯⋯⋯⋯⋯⋯⋯⋯⋯⋯⋯ 91
❹ 希望を引き出す行動についてのチェックリスト ⋯⋯⋯⋯⋯⋯⋯⋯⋯ 94
❺ 思いを壊す行動についてのチェックリスト ⋯⋯⋯⋯⋯⋯⋯⋯⋯⋯⋯ 97
❻ 友人としての関係と専門家としての関係との境界線 ⋯⋯⋯⋯⋯⋯⋯ 100

第4章 目標を一緒に設定するには：
　　　利用者の持っている思いを解き放つために

❶ なぜ目標が達成されないのかを考えてみよう ⋯⋯⋯⋯⋯⋯⋯⋯⋯⋯ 102
❷ 医療の必要性については？ ⋯⋯⋯⋯⋯⋯⋯⋯⋯⋯⋯⋯⋯⋯⋯⋯⋯⋯ 105
❸ 長期的な目標を見つけるのが難しい例 ⋯⋯⋯⋯⋯⋯⋯⋯⋯⋯⋯⋯⋯ 106

第5章 目標を実現するために必要な地域資源の開発

❶ なぜ地域に普通にある資源を利用するのか？ ⋯⋯⋯⋯⋯⋯⋯⋯⋯⋯ 112
❷ 個別支援の検討から地域資源の開発に結びついた例 ⋯⋯⋯⋯⋯⋯⋯ 112
❸ 地域にある誰もが使える資源を活用する（演習） ⋯⋯⋯⋯⋯⋯⋯⋯ 115

第6章 新しい生き方の再発見に向けての個人プラン：夢の達成に向かって前進するために

1. パーソナルリカバリープランについての概観 ……………………………… 120
2. 変化の段階 ……………………………………………………………………… 121
3. パーソナルリカバリープランの使用について ………………………………… 127

第7章 グループの力を用いたスーパービジョン：束縛から解放する創造的なプロセス

1. グループ・スーパービジョン：プロセスの説明 ……………………………… 132
2. グループ・スーパービジョン：ワークシート …………………………………… 135
3. グループ・スーパービジョン：実践例 …………………………………………… 137

第8章 日本におけるストレングスモデルに基づくグループ・スーパービジョンの展開例

1. 「グループ・スーパービジョン」の地域展開をめぐる論点 …………………… 146
2. グループ・スーパービジョンを行うにあたってのポイント整理 ……………… 150
3. 「研修」モデルによるグループ・スーパービジョンの展開(標準的実践例) … 155
4. 「実践」モデルによるグループ・スーパービジョンの展開(標準的実践例) … 156

参考資料
監修・編者・執筆者一覧

第 I 部

ストレングスモデルに基づいた研修の特徴

第1章

日本におけるストレングスモデルに基づいた研修と実践の展開

1 障害者ケアマネジメントの展開

　わが国の障害者福祉の歴史のなかで、障害者ケアマネジメントが政策的に注目されてきたのは、1990年以降のことである。この時期に、1990（平成2）年の福祉関係8法の改正以降、障害者福祉に関連する制度改革が進み、1993（平成5）年の障害者基本法、1995（平成7）年の精神保健福祉法、1995年の国の障害者プランの公表がなされた。さらに、1997（平成9）年の「今後の障害者保健福祉施策のあり方について（中間報告書）」、1998（平成10）年の「社会福祉基礎構造改革について（中間まとめ）」、1999（平成11）年の「今後の障害者保健福祉施策のあり方について」などの一連の改革や試案の提起によって、高齢者の領域だけでなく、障害者の領域においても障害者の地域生活の支援施策の整備の必要性が認識されてきた。特に、「社会福祉基礎構造改革について（中間まとめ）」と「今後の障害者保健福祉施策のあり方について」の2つの審議会報告書では、障害者に対してケアマネジメント手法による効果的なサービス提供の必要性について論じている点で、その後の障害者の保健福祉制度改革に大きな影響を与えた。

　これらの報告書とほぼ同じ時期に、ケアマネジメントの具体的な実施にあたって、1998（平成10）年には、身体障害者、知的障害者、精神障害者の3障害者用のケアガイドラインが国から公表され、それぞれの障害特性に応じた基本理念、介護の原則、ケアマネジメントの具体的な進め方などの点が示された。さらに、2002（平成14）年には、3障害分野に共通した障害者ケアガイドラインが公表された。これに基づいて、障害者ケアマネジメント従事者養成研修が都道府県において実施された。2006（平成18）年の障害者自立支援法（現在の障害者総合支援法）の施行からは、障害者相談支援従事者（障害者相談支援専門員）研修として、現在に至るまで、都道府県により実施されている。

2 障害者ケアガイドラインの概要

　ここでは、障害者ケアガイドライン（2002年）[1]に示されている事項をもとに、ケアマネジメントの進め方と配慮点についてふれる。

ケアマネジメントの進め方

ケアマネジメントの方法は、1)入り口（相談窓口）、2)アセスメント（対象者の真のニーズの把握）、3)ケア計画の作成、4)ケア計画の実施、5)サービス提供状況の監視（モニタリング）、必要に応じての再アセスメント、6)終了の6段階からなっている（図1）。

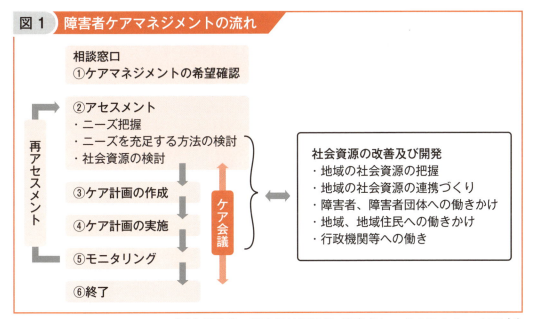

（厚生労働省・障害保健福祉部、障害者ケアガイドライン、2002年）

1)入り口はアウトリーチと相談窓口からなっている。アウトリーチは地域のなかでサービスを必要としている人を発見し、最もサービス効果のある対象者を把握することが重要である。次に、相談窓口では、利用者のケアマネジメントの希望を確認することが重要であるが、この場合、ケアマネジメントに関する説明と利用者の同意が必要である。2)アセスメントは、利用者の生活と環境の状況を把握し、要望・主訴から生活ニーズを探っていくことが重要である。3)ケア計画の作成では、障害者相談支援専門員が利用者とともにケア計画の作成を行う。4)ケア計画の実施にあたっては、多様なサービスの調整と連携がなされる必要がある。この場合、利用者のエンパワメントの強化を目指したサービス調整が必要である。5)モニタリングは、障害者相談支援専門員がケア計画に基づいてサービスが実施されているかを確認する。モニタリングから利用者の新たなニーズを発見できた時には再度ケア計画を修

正するために、再アセスメントを行う。6)利用者がケアマネジメントの希望をしなくなった時、新たなケア計画の必要がない場合、ケアマネジメントは終了となる。

　ケアマネジメントによる支援は、これら1)から6)の段階を進むプロセスとして捉えることが重要である。

　特に、5)サービス提供状況の監視(モニタリング)と再アセスメントにみられるように、ケアマネジメントは1回で終わるのではなく、再アセスメントを繰り返しながらららせん的に終了に向かう。ケアマネジメントを繰り返すことは、正確なニーズ把握をするうえで、あるいは、適切なサービスを提供するうえで非常に重要である。

ケアマネジメントの留意点

　ケアマネジメントに基づいた支援で重要な点は、支援の対象者(サービス利用者)の社会生活上のニーズの把握が挙げられる。これは、支援の対象者が社会生活を推進するうえで何に困っているのか(あるいは何を求めているのか)(生活ニーズ)に基盤を置いたニーズ把握であり、医学における障害や疾患に重点を置いたニーズ把握とは異なる点である。これらの生活ニーズは医学的な障害や疾患の理解と異なり、障害者個々人によって大きな違いがみられることが多い。したがって、ニーズ把握の際には個別性を重視した把握が重要である。

　次に重要な点は、把握されたニーズを充足するために適切な社会資源(サービス)と結びつける取り組みである。この取り組みはサービス調整と呼ばれる。障害者の場合は高齢者に比べて、社会資源やサービスが量的にかなり少ないことが指摘されており、適切な社会資源や社会サービスが現状では見つからない場合、それらの資源やサービスを開発することがケアマネジメント実践に求められている。特に、精神障害者の場合は、身体障害者や知的障害者に比べて著しく社会資源が少ないので、社会資源やサービスを開発することはきわめて重要である。

　これらの障害者に対するケアマネジメント実践に一貫している考えとして重要なことは、a)個別性を重視した支援、b)サービス利用者の生活ニーズが中心になる考え(利用者中心)、c)生活者として障害者を捉える考え(QOL(生活の質)の重視)、d)利用者自身が問題解決能力をつけていく考え(エンパワメント)、e)自己決定を中心に据えた自立の考え、f)利用者の権利擁護(アドボカシー)、が重要である。特に、障害者では、このうち、d)利用者自身が問題解決能力をつけていく考え(エンパワメン

ト）、e）自己決定を中心に据えた自立の考え、f）利用者の権利擁護（アドボカシー）、の3点が非常に重要であり、障害者のケアマネジメントの特徴である。

　最終的なケアマネジメントの目標としては、自己決定を主とした自立の達成、利用者の自己解決能力（エンパワメント）の向上、の2つが重要になるが、これに加えて、地域福祉の推進と拡充という目標も重要である。具体的には、地域の社会資源（サービス）の質の向上（障害者のニーズに適切に対応することができる点での質の向上）、必要な社会資源（サービス）の開発、社会資源間の連携、これらの取り組みの結果としての社会資源（サービス）の効果的な利用、を挙げることができる。

❸ 障害者総合支援法とサービス等利用計画の義務化

　障害者総合支援法の支給決定と相談支援手続きに関する課題をまとめると、障害者総合支援法の利用手続きの入り口、ケアプランの位置づけとケアマネジメントシステム、の2点に整理することができる。

　障害者総合支援法の利用手続きの入り口の課題に関しては、身体障害者福祉法、知的障害者福祉法、精神保健福祉法の対象者を障害者自立支援法の対象者にしていたことから、これらの3法の対象になりにくい障害者の場合は、制度の谷間として問題視されてきた。そのため、障害者総合支援法では、発達障害、高次脳機能障害、難病を対象として追加した。

　ケアプラン（サービス等利用計画）の位置づけとケアマネジメントシステムの課題では、2003（平成15）年の支援費制度導入期からケアマネジメントによるサービス利用計画とサービス調整とサービス提供が重視されてきた。障害者自立支援法では、支給決定後に、制度上かなり限定された条件の利用者に対してのサービス利用計画作成だったため、ケアプラン作成実績がきわめて少ない現状がみられた。ケアプラン作成において制度的に狭い対象者に限定されていたことは、実践現場でのケアマネジメント推進の大きな障壁になっていた。

　障害者総合支援法では、通所、入所、居宅サービスの利用者全員に対して、障害者相談支援従事者研修の修了者である相談支援専門員により「サービス等利用計画書」を作成することが義務づけられた（図2）。これまでほとんど作成されなかったため、サービス等利用計画書の作成は、2012年度から3年間かけて徐々に対象者を

拡大し、2014年度終了時にはサービス利用者すべてに対して、サービス等利用計画書を作成することとしている。あわせて、地域移行・地域定着支援のための相談支援事業が創設され、精神科病院からの退院促進と入所施設からの地域移行促進を強化することになった。

図2　障害者総合支援法における支給決定の流れ

- 市町村は、必要と認められる場合として省令で定める場合には、指定を受けた特定相談支援事業者が作成するサービス等利用計画案の提出を求め、これを勘案して支給決定を行うこととする。
    * 上記の計画案に代えて、省令で定める計画案（セルフケアプラン等）を提出できることとする。
    * 特定相談支援事業者の指定は、総合的に相談支援を行う者として省令で定める基準に該当する者について市町村が指定することとする。
    * サービス等利用計画作成対象者を拡大する。
- 支給決定時のサービス等利用計画の作成、及び支給決定後のサービス等利用計画の見直し（モニタリング）について、計画相談支援給付費を支給する。
- 障害児についても、新たに、児童福祉法に基づき、市町村が指定する「指定障害児相談支援事業者」が、通所サービスの利用に係る障害児支援利用計画（障害者のサービス等利用計画に相当）を作成することとする。
    * 障害児の居宅介護等の居宅サービスについては、障害者総合支援法に基づき、「指定特定相談支援事業者」がサービス等利用計画を作成。
    * 障害児の入所サービスについては、児童相談所が専門的な判断を行うため、障害児支援利用計画の作成対象外。

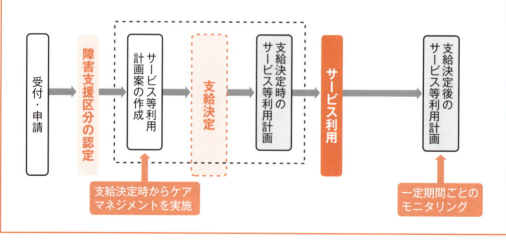

（厚生労働省）

4 サービス等利用計画の目的と内容

　サービス等利用計画の作成目的は、利用者中心の支援を具体的に展開できること、計画作成による関係者のチームアプローチがなされることが挙げられている[2]。

　サービス等利用計画におけるアセスメントとニーズ把握については、生活基盤、健康、日常生活、コミュニケーション・スキル、社会生活能力、社会参加、教育・就労、家族支援、の8領域の支援の必要性と「本人の能力と制限」、「環境の能力と制限」といった国際生活機能分類（ICF）の視点を用いている点が特徴的である。

　具体的な様式では、アセスメント項目として以下の12項目である（表1）。サービス等利用計画では、優先順位、解決すべき課題、支援目標、福祉サービス等（種類・内容・量（頻度・時間））、問題解決のための本人の役割、評価期間、その他留意事項、である。これに基づいて、週間計画表が作成される。

表1 アセスメント項目の概要

1. 基本情報
2. 生活の状況
3. 医療の状況
4. 福祉サービスの利用状況（連携機関やキーパーソンの存在）
5. 健康状態
6. 日常生活に関する状況
7. コミュニケーション能力
8. 社会参加や社会生活技能の状況
9. 教育・就労に関する状況
10. 家族支援に関する状況
11. 本人の要望・希望する暮らし
12. 家族の要望・希望する暮らし

▶ サービス等利用計画の質の評価

　先にふれたように、障害者総合支援法のサービスの支給決定にあたって、すべての利用者に対して、サービス等利用計画の作成が必要とされており、現在、その質の評価が大きな課題になっている。

　アセスメント様式の有効性を評価するには、この様式を用いて作成されたケアプランが利用者にとってどのくらい有効だったのかという評価が必要になってくる。ケアプランの評価基準は利用者のニーズ解決だけでなく、利用者の生活の質（QOL）の向上、利用者の問題解決能力（エンパワメント）の向上などがあり、1つの基準で評価することはできない。また、アセスメント項目には、なるべく多くの項目を網羅して項目のチェックを中心とした客観性に重点を置くものと、項目に自由回答を設け、利用者の訴えや思いに重点を置くものの2つに分けることができる。この背景には、アセスメントで把握した情報に基づいたケアプラン作成方法の違いに関連していると思われる。なるべく多くの項目を網羅して項目のチェックを中心とした客観性に重点を置く項目は、保健、医療、福祉、社会環境などの項目を幅広く把握し、客観的なチェックによって各領域の専門職の共通認識が持ちやすい点で、ケアプラン作成の際のチームアプローチを円滑にしやすくする利点をもたらす。これに対して、利用者の要望や主訴の把握に重点を置く項目は、客観的にチェックされた項目の背景の解釈によって真のニーズの把握をし、利用者との情報のやりとりをしながらケアプラン作成を行える点で、アセスメントに利用者が参加をしながら進めていくことができる利点をもたらす。

　サービス等利用計画の評価に関しては、サービス等利用計画評価チェックシートが開発されている[3]。この評価シートのチェック項目は、1）エンパワメント・アドボカシーの視点、2）総合的な生活支援の視点、3）連携・チーム支援の視点、4）ニーズに基づく支援の視点、5）中立・公平性の視点、6）生活の質の向上の視点、の6項目によって構成されている。さらに、この6項目につき、それぞれ5つの下位項目があり、合計30項目の下位項目から構成されている（表2）。

　このうち、1）エンパワメント・アドボカシーの視点の第2の下位項目に本人の強み（ストレングス）への着目がある。この項目では、「本人が持っている力、強み、できること等が、潜在的なものも含めて評価され、前向きな言葉や表現で記載されているか。「…できない」といったマイナスの言葉、表現で埋め尽くされていないか」と

いうチェックポイントが示されている。特に、機能障害、医学的な判定に着目する従来型のアセスメントでは、「…できない」といったマイナスの言葉、表現で埋め尽くされることがしばしばあるので、このポイントは重要である。

表2 サービス等利用計画評価チェックシート

利用者氏名	
計画作成者	
事業所名	
チェック機関	
評価日	

チェック項目	チェックポイント
1 エンパワメント、アドボカシーの視点	
① 本人の思い・希望の尊重	「こうやって生活したい」「こんなことをやってみたい」という本人の思い・願いができるだけ具体的な言葉を使って表現されているか。 これを踏まえて本人が希望する生活の全体像が記載されているか。 本人の意向を汲み取ることが難しい場合、本人の意思伝達・意思確認手段がきちんと記載されているか。
② 本人の強み(ストレングス)への着眼	本人が持っている力、強み、できること等が、潜在的なものも含めて評価され、前向きな言葉や表現で記載されているか。 「…できない」といったマイナスの言葉、表現で埋め尽くされていないか。
③ 本人が行うことの明確化	支援やサービスを受けながらも、全てを他に拠るのではなく、本人ができる(できそうな)役割をもつことが明確に記載されているか。
④ 本人にとっての分かりやすさ	できるだけ本人の言葉や表現を使い、障害特性も考慮し、わかりやすく工夫された表現、本人の意欲を高め自分のこととして捉えられるような表現で記載されているか。
⑤ 目標設定の妥当性と権利擁護	本人の権利を擁護し、本人が試行錯誤して時には失敗から学ぶこと(トライアンドエラー)も視野に入れ、段階的に達成可能(スモールステップ)で本人の意欲を高めることができる具体的な目標が記載されているか。 単なる努力目標、実効性や本人のペースを無視した過度な負担が生じる目標、達成困難な目標が記載されていないか。 単なるサービス内容が目標として記載されていないか。

2 総合的な生活支援の視点		
	① 目指す生活の全体像の明示	最終的に到達すべき方向性、サービス提供によって実現する、本人が希望する生活の全体像が、総合的かつ具体的に記載されているか。(生活者に対する「総合支援」計画と読み取れるか)
	② 障害福祉サービス利用に限定しない生活全体の考慮	生活する上でサービスの利用の必要性がない課題(ニーズ)についても網羅し、単にサービスを利用するためではなく、本人が希望する生活を実現するための課題を記載しているか。
	③ 障害福祉以外のサービスやインフォーマルな支援の有無	障害福祉だけでなく、保健、医療、教育、就労、住宅、司法等の幅広い領域のサービス、及び公的支援(障害福祉サービス等)だけでなく、その他の支援(インフォーマルサービス)が、本人ニーズに基づき、必要に応じて記載されているか。 記載されていない場合、その理由が明確にされているか。
	④ 1週間、1日の生活の流れの考慮	週間計画表の1週間、1日の生活の流れをみて、望む生活を可能とする支援(障害福祉サービス以外を含む)が網羅され、総合的に生活全体をイメージできる記載になっているか。 本人による活動、家族による支援等も記載されているか。
	⑤ ライフステージや将来像の意識	乳幼児期・学齢期・成人期それぞれのステージ間に切れめがないよう、これまでの支援方針や各種計画(保育の計画、個別の教育支援計画等)が活かされ、次のステージに向けたトータルプランとなっているか。 単に過去のものを引き継ぐのではなく、将来を見通した総合的な計画になっているか。
3 連携・チーム支援の視点		
	① 支援の方向性の明確化と共有	支援に関わる関係機関等が共通の理解をもって取り組めるよう、支援の方向性が、明確、かつ、具体的に記載されているか。 解決すべき課題、支援目標、達成時期、サービス提供内容、本人の役割、評価時期等に整合性を持たせて記載されているか。
	② 役割分担の明確化	相談支援専門員が多くの問題を一人で抱え込まずに、支援に関わる関係機関それぞれに役割を分担し、連携した取り組みができるよう、その内容が具体的に記載されているか。(チームによる「総合支援」計画と読み取れるか) 関係機関が見て、自分の役割が分かりやすく体系的に記載されているか。相互連携のための連絡網が記載されているか。

	③ 個別支援計画との関係	サービス提供事業所が個別支援計画を作成する上で、支援の方向性やサービス内容を決める際の基礎情報となることを意識して分かりやすく記載されているか。(抽象的で誰にでも当てはまるような内容になっていないか) サービス提供事業所が個別支援計画作成の参考にできる情報や事業所に対するメッセージが記載されているか。(単なるサービス内容だけでない、具体的な支援のポイント等が分かりやすく記載されているか)
	④ サービス提供事業所の情報把握	サービス提供の内容、頻度、支援者としての意見等について、サービス提供事業所から聞き取り、記載されているか。
	⑤ 地域資源情報の把握	地域の社会資源を把握し、必要に応じて自立支援協議会、地域関係の中で連携可能な近隣住民や関係者等から意見を聞き取り、記載されているか。
4 ニーズに基づく支援の視点		
	① 本人のニーズ	本人の意向、希望する生活が具体的、かつ、的確に把握され、「〜したい」「〜なりたい」等、本人の言葉として表現され、記載されているか。 本人が優先的に解決したいと思う課題や取り組みたいという意欲的な課題から優先する等、本人の意向を十分汲み取って記載されているか。 本人の意向を汲み取ることが難しい場合、家族や支援者から十分な聞き取りをした結果が記載されているか。
	② 家族の意向	家族の意向を具体的に的確に把握し、記載されているか。 本人の意向と明確に区別し、誰の意向かが分かるように明示して記載されているか。
	③ 優先順位	本人が意欲を持ってすぐに取り組める課題、緊急である課題、本人の動機付けとなる課題、すぐに効果が見込まれる課題、悪循環を作りだす原因となっている課題、医師等の専門職からの課題等を関連付け、緊急性、重要性を考慮して、まず取り組むべき事項から適切に優先順位がつけられているか。
	④ 項目間の整合性	本人のニーズを踏まえて作成された計画について、サービス、役割、評価時期などの項目は整合性が取れているか。
	⑤ 相談支援専門員の総合的判断	相談支援専門員の専門職としての総合的判断(見立て)と本人の意向、ニーズが一致した記載となっているか。一致しない場合、その調整方法も記載されているか。 本人の要望だけが記載されていたり、支援者側からの一方的な提案だけになっているといった、専門職としての判断のない記載となっていないか。

5 中立・公平性の視点		
	① サービス提供法人の偏り	サービス提供法人が特定の法人（特に相談支援事業所の運営法人）に偏っていないか。偏っている場合、その理由が明確にされているか。
	② 本人ニーズとの比較	本人ニーズや生活実態に合わせた適正な計画となっているか。サービスが過大、過小な計画になっていないか。
	③ 同じような障害者との比較	同じような障害、同じようなサービスを必要とする障害者と比較して、過大、過小な計画となっていないか。なっている場合にそうなった合理的理由を明確に記載しているか。
	④ 地域資源との比較	本人ニーズに基づいた地域支援の活用であることがきちんと説明できているか。 選択できる地域資源があるにも関わらず、既存のサービス提供事業所での継続利用だけの計画になっていないか。
	⑤ 支給決定基準の参照	行政の支給決定基準に合わせた機械的な計画になっていないか。
6 生活の質の向上の視点		
	① サービス提供状況	サービス等利用計画通りにサービスが提供されたか、事業者として本人の生活の変化をどう捉えているかについてサービス提供事業所に聞き取った結果が記載されているか。 その聞き取りは「いつ」「誰に」「どのように」実施したかが記載されているか。
	② 本人の感想・満足度	本人がサービスの内容や事業所等について満足しているか、不満や改善してほしいことはないかについて聞き取った結果が記載されているか。 その聞き取りは「いつ」「誰に」「どのように」実施したかが記載されているか。
	③ 支援目標の達成度	サービス等利用計画通りにサービスが提供され、どの程度まで支援目標で掲げた状態に近づいたかについて検討した結果が記載されているか。 その検討は、「いつ」「誰と」「どのように」実施したかが記載されているか。（本人・家族・事業所への聞き取り、個別支援計画の確認、サービス等調整会議の開催等）

④ 計画の連続性	本人ニーズ、関係機関の支援、ライフステージ等に変化がないか確認した結果が記載されているか。 未達成の支援目標、新たな課題への対応について検討し、必要に応じて計画の変更を行った結果の概要が記載されているか。（計画変更した場合は変更理由、具体的なサービス種類・量・週間計画の変更内容。変更しなかった場合はその理由） 上記の確認・検討は、「いつ」「誰と」「どのように」実施したかが記載されているか。（本人・家族・事業所への聞き取り、個別支援計画の確認、サービス等調整会議の開催等）
⑤ 全体の状況	モニタリング会議での総合的判断を反映し、全体の状況を的確に把握した上で、今後の方向性が記載されているか。

（日本相談支援専門員協会、「サービス等利用計画評価サポートブック」、2013年）

❺ ストレングスモデル研修の地域での展開

　カンザス大学メンタルヘルス研究・イノベーションセンター（研修センター）に、2007年に研修を受ける機会を得た。その時のテキスト、Basic Case Management Training Manual（2007年）[4]を用いて、日本でも同様の研修はできないものか検討した。特に、ストレングスの探索とチームメンバーの共有の視点で、グループ・スーパービジョンが有効であると考え、その導入を考えた。

　その後、筆者は2010年度から現在に至るまで、埼玉県、新潟県、群馬県、神奈川県の市、広域圏域、県など6か所で、行政と相談支援事業所とが共同して研修を企画し、それの助言・指導の役割で関わってきた。2014年には、これらの研修企画の中心的な役割を果たしてきた実践家と一緒に再びカンザス大学メンタルヘルス研修センターで研修を受けた。その間に、カンザス大学メンタルヘルス研修センターのテキストもかなり変化しており、それに合わせて日本での研修を修正していく必要性が生じた。

　研修は、どの地域も、月1回（あるいは2か月に1回）程度（午後3〜4時間程度）、年6〜12回実施、参加者（市内（圏域）関係の相談支援事業所（相談支援専門員）に加えて、市町村担当者、毎回15〜25名前後）で実施している。参加者は、同じ地域内で活動をしている相談支援専門員が中心になり、そのなかに市町村行政担当者が参加す

表3 実際に行ってきたグループ・スーパービジョン研修プログラム例

	段階	ファシリテーター	事例報告者
1	準備		事例のフェイスシートとストレングスアセスメントシートを用意する。
2	報告セッション20分		事例の要点と解釈・判断(「私はこう考える」ということ)の理由について端的に説明する。求めている助言についてグループに伝える。
3	質問セッション20分		グループメンバーからの質問に答える。
4	アイデアセッション40分	アイデアが出るように促す。	出されるアイデアに対して応答しない(黙って聴く)。
5	応答セッション15分		出された多様なアイデア、解釈、意見に対して応答する。
6	実行アイデアの選定15分	アイデアから有益なものを3つ程度選ぶ(ファシリテーターが選ぶ場合)。	アイデアから有益なものを3つ程度選ぶ(事例報告者が選んで次回の実践につなげる場合)。

る形式をとっている。

　具体的なプログラムは、事例を記入したストレングスアセスメント票をもとに、事例提供者からの簡単な報告、質問セッション、アイデアセッション、アイデアの公表、事例提供者からの応答、アイデアのなかから実行できそうなアイデアの選定、といったグループ・スーパービジョンを用いた一連の流れで行っている(表3)。

　これまでの研修の取り組みのなかで、リカバリーの過程を重視してケースを共有すること、過去の資源利用の情報は重要な判断根拠になること、現状について簡単に否定しないこと、本人の問題と環境の問題の相互作用、ストレングス(強み)とウィークネス(弱み)は別の事象ではなく、同じ事象の表と裏の関係にあること、が

グループメンバー	留意点
	個人が特定できないように配慮する。
事例報告の間は質問しない(黙って聴く)。	求める助言は、より具体的であるほうが望ましい(複数でも可)。
報告者に対して、事例の要点、判断理由の不明な点につき簡単な質問をする(アセスメントに書かれていることから始めて質問、求めている助言に焦点を当てて質問)。	質問・応答の内容を、全員、配布されているアセスメントシートに書き込む。
アイデアを徹底的に出し合う(ブレーンストーミング)。	創造的なアイデアは大変よい(実現可能性や制度のことを考えなくてよい)。

示された。ただし、実際の適用の際に、障害特性(精神障害、知的障害、身体障害などの障害の種別も含む)ではなくて、以下の事例には適用が難しいことも示された。

・虐待、自己破産など緊急性、介入性の高い事例
・触法・犯罪に関係する事例
・支援者との間に不信感のある事例

このことから、日本におけるストレングスモデルの有効性の前提には、利用者の潜在力への信頼があり、前提が満たされない場合はこのモデルの適用が難しいことが理解できる。ただし、以下の事例の適用では有効であった。

・長期的な支援事例(就労支援、地域移行支援、地域自立生活支援など)
・趣味、レクリエーション、友人関係などのインフォーマルサポートに期待できる事例
・支援目標が不明確あるいは、見えない事例

　このことから、ストレングスモデルの前提としては、相談支援専門員と利用者との(信頼)関係づくりを挙げることができる。信頼関係づくりには、ネガティブ視点あるいはウィークネス(弱み)の視点ではなく、ストレングス視点で実施することが重要である。それに加えて、障害特性という先入観に縛られない事実(本人の発言・言葉の重みを受けとめる)の記録作成の練習の重要性も示された。1人の障害者相談支援専門員では利用者の真のニーズは見えないため、スーパービジョンの必要性も示された。スーパービジョンに合わせて、障害者相談支援専門員同士のチームアプローチとチームアプローチにはメンター(成熟した指導者、グループ・スーパービジョンでは、ファシリテーターの役割を担うことが多い)の必要性が示された。ここでのメンターはメンバーと水平的な関係を保ちながら、メンバーの力を引き出す指導者(コーチ)としての役割が望ましい。

　これらの研修を通して、あらためて、ストレングスモデルの基盤となっているストレングスの前提の考え方(ストレングスモデルの原理)に立ち返ることの重要性が理解できる。以下、ストレングスモデルの原理[注1]を示す[5]。

障害のある人々[注2]はリカバリーし、生活を改善し高めることができる。
焦点は欠陥ではなく、個人のストレングスである。
地域を資源のオアシスとしてとらえる。
クライエントこそが支援関係の監督者である。
ワーカーとクライエントの関係性が根本であり本質である。
私たちの仕事の主要な場所は地域である。

注1：ここでは、翻訳書の表現を用いたが、アメリカ・カンザス州における歴史の中で示されてきた6原理(27頁)においては、福井貞亮氏の個人訳を示している。内容的には、ほぼ類似のものである。
注2：翻訳書では、「精神障害者」という表記になっているが、ここでは精神障害以外の対象者に対しても適用可能であることを意識して、幅広く「障害のある人々」という表記に改変している。

❻ 本書の作成の経緯と使用している用語について

　本書は、これまで日本で取り組んできたストレングスモデル研修の成果をふまえている。ただし、その際の研修の基本となったテキストはBasic Case Management Training Manual（2014年）であり、カンザス大学メンタルヘルス研究・イノベーションセンター（研修センター）ではすでに改訂されており、本書では改訂版のBasic Case Management Training Manual（2014年）[6]の考え方を用いている。この本は改訂版の翻訳がもとにはなっているが、これまでの日本の研修で扱った事例に入れ換え、カンザス大学研修センターでの2014年に受けた内容を踏まえて、テキストそのもの翻訳とはかなり異なっており、日本におけるストレングスモデルのテキストとして作成することを意識した。

　次に、Basic Case Management Training Manual（2014年）とBasic Case Management Training Manual（2007年）との違いについてふれたい。2007年版では、第1章　リカバリー、第2章　ストレングスの原理、第3章　関係づくり、第4章　ストレングスアセスメント、第5章　ゴールプランニング、第6章　資源の獲得、第7章　個別計画（パーソナルプラン）、第8章　グループ・スーパービジョン、から構成されている。2014年版では、用語および制度解説、第1章　リカバリー、第2章　ストレングスアセスメント、第3章　関係づくり、第4章　ゴールプランニング、第5章　資源の獲得、第6章　個別リカバリー計画（パーソナルリカバリープラン）、第7章　グループ・スーパービジョン、から構成されている。

　異なる点では、2007年版では、第2章ストレングスの原理において、ストレングスの基本的な考え方が解説されているのに対し、2014年版では、各章（1〜7章）ごとに、どのストレングスの原理が用いられているのかについて章の初めに簡単に記してあることが特徴的である。これは各章のすべての段階にわたって、ストレングスの原理に沿って実践が展開されていることを明らかに示す点で重要な意味がある。ゴールプランニングでは、2014年版では、目標設定のための準備のワークシート（109頁参照）が加わり、目標達成の可能性を可視化した点で意義深いものがある。2007年版のパーソナルプランが、パーソナルリカバリープランに変更され、従来のパーソナルプランの考え方に、リカバリーの視点を十分に配慮することの重要性が明確に示されるようになっている。

ストレングスモデルには、日本語になりにくい重要な用語があるため、本書ではできる限り実際の意味を損なわない日本語にするように心がけた。具体的には、リカバリー、パーソナルメディシン、ナチュラルリソース、パーソナルリカバリープラン、である。

　「リカバリー」に関しては「新しい生き方の再発見」、「パーソナルメディシン」は「心の糧」、「パーソナルリカバリープラン」は「新しい生き方の再発見に向けた個人プラン」（ただし、長いので本文中では「パーソナルリカバリープラン」を用いた）、「ナチュラルリソース」は「地域資源」とした。なお、ストレングスに関しては、これまでの翻訳書やストレングスモデルの解説書で幅広く使用されており、本書でも「ストレングス」という用語を使用した。

　また、日本の制度の文脈に合わせるために「クライエント」は「利用者」あるいは「当事者」とし、「ケースマネジャー」は「支援者」あるいは「相談支援専門員」とすることにした。

　最後に、本書作成の作業にあたっては、筆者の研究室に所属する大学院生による2014年版テキストの下訳をもとに、もとの事例を日本の文脈に即した形で日本の事例に置き換え、さらに、2014年のカンザス大学メンタルヘルス研究・イノベーションセンターでの研修講義の記録を加えて構成し直し、小澤により本文の加筆・修正・再構成を行った。下訳の担当者と日本事例提供の担当者は以下に示した。

第Ⅱ部　下訳の担当者	事例・エピソード	事例・エピソードの提供者
第1章　松井優子	阿部清子さん（仮名）	小金渕美保子
第2章　杉本由香、猪野塚将	鈴木和代さん（仮名）	日野原雄二、菊本圭一
第3章　岩見祐亮、松岡広樹	山田直人さん（仮名）、田中亜希子さん（仮名）、松田拓也さん（仮名）	青山定訓、吉澤久美子、藤川雄一
第4章　木下大生		
第5章　柴橋広智	新井聖子さん（仮名）、黒田和也さん（仮名）、工藤ひろしさん（仮名）	田中眞弓、高谷昇、岩上洋一
第6章　大高靖史	鈴木和代さん（仮名）	菊本圭一
第7章　小澤温	山本一郎さん（仮名）	吉田展章

文献

1) 厚生労働省社会援護局・障害保健福祉部：障害者ケアガイドライン（2002年）、http://www.mhlw.go.jp/topics/2002/03/tpo331-1.html#3（2015年4月18日検索）

2) 菊本圭一・広沢昇・遅塚昭彦：サービス等利用計画と作成のポイント、大塚晃監修・埼玉県相談支援専門員協会編「相談支援専門員のためのサービス等利用計画作成事例集」、中央法規出版、2-8頁、2014年

3) 日本相談支援専門員協会：「サービス等利用計画評価サポートブック 平成25年3月」、15-22頁、2013年

4) Gosha,R., Huff,S. : Basic Case Management Training Manual for Providers of Adults Mental Health Services in Kansas, Univ. of Kansas, School of Social Welfare, 2007年

5) チャールズ.A.ラップ、リチャード.J.ゴスチャ：ストレングスモデルの目的、原則、研究結果、田中英樹監訳「ストレングスモデル 第3版 リカバリー志向の精神保健福祉サービス」（原題：The Strength Model（Third Edition）A Recovery-Oriented Approach to Mental Health Services）、金剛出版、67-91頁、2014年

6) Gosha,R., Marby,A., Young,L., Bomhoff,J., Blankers,M., Spencer,K.: Basic Case Management Training Manual, Univ. of Kansas, School of Social Welfare, 2014年

第2章 アメリカ・カンザス州におけるストレングスモデルの展開と研修の取り組み

1 ストレングスモデルの展開

▶ ストレングスモデルが展開される歴史的背景

　カンザス州は、リカバリーモデルを中心とした精神障害者福祉実践の場として知られ、その実践と研究の両面において先行してきた。リカバリーモデルとは、医学モデル（診断をもとに、疾病の治療を中心とするモデル）とは異なり、その人自身が設定する目標に向かって、自己の最大限の能力を引き出しながら、その人自身が生活の舵取りをすることを支援するモデルである。またカンザス州は、ストレングスモデルの発祥の地でもある。ストレングスモデルとは、障害を持つ当事者との支援関係において、障害やできないことに焦点を当てるのではなく、本人の希望や目標を明らかにし、それらを達成するために、本人の強さやその人らしさ、また地域に存在する社会資源を活用する当事者の主体性を支援する理論と実践の体系である。さらに、カンザス州では、個別的就労支援方式などの科学的根拠に基づく実践も州レベルで実施されている。近年では、コモングランドと呼ばれる精神薬処方に関する共同意思決定を支援するシステムも開発されている。海外からも、カンザスの実践や研究を学ぼうと多くの研究者や実践家が毎年訪れている。例えば、日本、ニュージーランド、香港、オーストラリア、カナダなどからの来訪者は、カンザスで得た経験を自国に持ち帰り、ストレングスモデルの実践を始めている。

　では、「なぜカンザスなのか？」。カンザスの精神保健福祉政策が、施設中心の支援から地域生活支援モデルへと大きな政策転換をした背景には、ストレングスモデルの創始者である、チャールズ・ラップ博士による1987年の報告書がある。この報告書は、通称、ラップ報告書とも呼ばれている。ラップ報告書が明らかにしたことは、脱施設化と地域生活支援の推進を掲げる州の政策方針に反し、実際にはより多くの財政資源が施設ケアに投入されていた、当時のカンザス州の財政施策でのギャップである。そして、その具体的な改善案も提示している。このラップ報告書が、カンザス州精神保健改革法制定（1990年）の後押しともなり、カンザス州の精神保健福祉政策をその後大きく変えることになる。

　カンザス州の当時の内情としては、1986年の公法99-660により、施設中心から地域生活支援システムへの施策移行をしない場合には、連邦政府からの補助金が削減

されるというプレッシャーがあった。また、1988年に出版された精神保健プログラムの質に関する報告書において、カンザス州は上位から42番目に位置づけられ、脱施設化が推進されていた時代状況に逆行している州の1つとして数えられていた。こういったプレッシャーがありながら、その具体的な改善策がなかったという状況もあり、ラップ報告書が果たした役割は大きい。カンザス州精神保健改革法により、州全体における精神保健福祉政策の改善、州立の精神病棟の大幅な削減、そして、地域生活支援の整備が目指された。その結果、精神障害を持つ人々の生活の質の向上にもつながったことが、ラップとムーア（Rapp & Moore, 1995）のプログラム評価において指摘されている。

ストレングスモデルの萌芽

地域支援の中核を担う地域精神保健センターは、知的障害者の入所施設および地域精神保健センター設立法（1963年）のもとで設立された。1977年には、その機能をさらに推進するために、統合・継続的な支援体系である地域支援システムが、国立精神衛生研究所により整備された。カンザス州においても、新たな地域支援モデルとケアシステムの構築が求められることになる。このような背景から、1982年、カンザス州政府からの委託研究事業として、カンザス大学社会福祉学部に少額の研究費（およそ100万円程度）が支給され、地域生活支援に有効なケアマネジメントモデルの構築が要請された。

当時のケアマネジメントの定義は曖昧で、統一性に欠けるものであった。5つの基本的なケアマネジメントの機能としては、アセスメント、ケアプラン、リンキング（リンケージ）、モニタリングとアドボカシーが挙げられていた。しかしながら、これらの機能は、具体的な方法論や援助技法に結びつけられてはいなかった。そのため、研究事業を指揮したラップ博士の関心は、既存のケアマネジメントモデルにとらわれるのではなく、社会福祉支援の原点に戻ることであった。すなわち、「支援は、クライエントのいるところから始まる」という視点である。博士の研究チームが最初に行ったことは、精神障害を持つ人々（本章では、人、本人、当事者、クライエントを同様に用いる）がどのような生活を望んでいるのか、そして、その生活を実現するためにどのような具体的な支援が、当事者の視点から有効であるのかを整理することであった。

この研究事業において、ストレングスモデルが誕生することになる大きな要因には、ロナ・チェンバリン博士の存在がある。チェンバリン博士は、地域精神保健センターにて、ケアマネジメントのプログラム長を長らく務めた後、博士課程の学生としてカンザス大学社会福祉学大学院の門を叩き、研究補助生としてこの研究事業を手伝うことになる。まず、チェンバリン博士は、精神障害を持つ人々が、どのような生活や人生目標を持っているのかを理解することから始めた。その過程で、チェンバリン博士を大変驚かせることになるのは、「どのような生活がしたいのか？」といった一見ありふれた質問に対しても、ひどく答えに困窮する当事者たちの反応であった。施設中心の支援体制と、医学モデルが先行していた当時、本人の生活の希望や目標が問われることは非常に稀であった。このような経験から、施設や病院などの閉鎖環境においてはストレングスモデルは効果がなく、支援は地域のなかで行われる必要があるという、ストレングスモデルの原理の1つが導かれることになる。

　ラップ博士とチェンバリン博士の研究チームは、精神障害の有無にかかわらず、多くの人々に共通するであろう人生目標のリストを作成した。それらは、例えば、学校、仕事、自立生活、友人、家族、ソーシャルサポートなどである。そして、そのリストをもとに、どういった地域の社会資源が、これらの目標を達成するために役に立つのかが検討された。その過程でわかってきたことは、地域には自然発生的に存在するさまざまな社会資源がありながら、当事者本人の目標を支援するために、それらの資源が有効に使われていないことである。さらには、当事者自身と、専門職の当事者に対するリカバリーへの期待の低さがあった。当事者たちは、医学モデルを中心とする精神保健サービス体系のなかで、「精神病患者」としてのサービス受給者役割が与えられ、障害・障壁のみに焦点が当てられることで、「生活者主体」としての認識がなされてこなかった。そのため、当事者に期待されることは、援助専門職者が規定するサービス受給者役割を維持することであり、リカバリーとは全く異なるものであった。リカバリーに重要なことは、「診断する側─される側」、また、「援助する側─される側」という一方向の関係性（医学・診断モデル）から解放され、自身のストレングスを認識し、地域での人間的な関係性を取り戻すことである。一方、ブローカー（仲介）モデルのケアマネジメントでは、人間的なつながりを構築することは前提とされていないため、本人のストレングスとそのストレングスがうまく活用されるための環境とのマッチングはなされない。こういった経験や発見が、ストレングスモデルの6つの原理を導くことになる。

> **ストレングスモデルの6原理**
>
> 1．障害を持つ人も、リカバリーすることができる
> 2．焦点は、個人のストレングスであり、欠陥ではない
> 3．地域は、利用可能な資源の宝庫である
> 4．支援関係を導くのはクライエント本人である
> 5．クライエントとケアマネジャーの人間的なつながりが不可欠である
> 6．支援は地域のなかで行われる
>
> （福井貞亮訳）

　このように、ストレングスモデルの基盤が形づくられていくと、ラップ博士の研究チームは、モデルの実行可能性と有効性についての評価を行うために、パイロット・プロジェクト（大規模な実施を行う前段階の予備的・試行的な試み）を始動した。プロジェクトは、カンザス大学社会福祉学部の学士と修士課程の学生に義務づけられる、社会福祉実習の一環として行われた。実習派遣機関の1つである、バートナッシュ地域精神保健センター（カンザス州ローレンス市）に、学部と修士課程の学生4人が実習生として派遣され、これが世界で最初のストレングスモデル・ケアマネジメントの実践となる（1982（昭和57）年）。チェンバリン博士が、現場のスーパーバイザー（実習担当教官）を担当し、6か月の期間で、19名の精神障害を持つ当事者にケアマネジメントが提供された。ストレングスモデルの基本的な考え方は、障害や欠陥部分に焦点を当てるのではなく、人間的なつながりを構築していく過程で、ストレングスを理解することにある。そのため、先入観を与えないよう、ケアマネジャーには当事者の診断名さえ事前に知らされなかったこともあった。

　メアリー・リッチモンドの時代から、社会福祉の専門性は診断主義の立場でもって発展してきたという歴史的な背景がある。専門職として、診断をいかに正確にくだし、診断によって特定される疾病に適切な対処をし、専門的指示に患者が従うよう指導していくことが強調されてきた。これらの専門性が損なわれないよう、専門職とクライエントの境界を明確にすることが、専門教育においては常に強調されてきた。ところが、ストレングスモデルでは、診断をせず、当事者がどのような生活の目標を持ち、どのようなストレングスがその達成のために活用されるのかに焦点が当てられる。当事者自身の設定する目標に向かい、当事者主導のもとに行動計画が

作成され、当事者が暮らす地域社会のなかで、自律的な生活を支援していくというケアマネジメントモデルは、大変画期的なことであった。また、当時のケアマネジメントが、事務所の机上で、多数の担当ケースを公的機関に電話照会するといった、ブローカー（仲介）型やトラベルエージェント型（旅行代理店型）のサービスを中心としていたなかで、ストレングスモデルのケアマネジャーの役割を、トラベルコンパニオン（旅行者本人の希望する目的地に伴う同伴者）として位置づけたことは、大きな視点の転換であった。実習の一環としてケアマネジメント実施が行われたため、ストレングスモデルの実施を可能とする適切な担当ケース数を調整できたことも、パイロット・プロジェクトでの強みといえる。

　ケアマネジャーである学生たちは、実践で生じた疑問を実習クラスに毎週持ち帰り、チェンバリン博士からのスーパービジョンを受けた。ストレングスモデルは、誰にとっても初めての試みである。さらには、クライエントの目標やストレングス、そして、その人を取り巻く環境のストレングスのユニークな側面に焦点が当てられる。そのため、クライエントの目標をより効果的に支援するためには、既成概念にとらわれない、創造的発想が求められる。そこで、チェンバリン博士が行ったことは、ピア・グループとしての強さを生かすことができるブレーンストーミングの手法を、ケアマネジャーのスーパービジョンに取り入れることであった。スーパーバイザーとスーパーバイジー間での個別スーパービジョンにおいては、それぞれに期待される役割から、スーパーバイザーの経験則に従った、閉塞的な解決策の提案に収束しやすい。こういったスーパービジョンの強みとしては、スーパーバイジーへの教育的、あるいは情緒的なサポート、さらには、緊急を要する危機介入への対応などがある。しかしながら、クライエントのユニークな目標を効果的に支援するためには、支援の可能性や方向性を限定していくための議論ではなく、可能性を広げていく議論が必要である。この実習クラスで行われたスーパービジョンが、クライエントの目標を支援するためのグループ・スーパービジョンへと発展していくことになる（グループ・スーパービジョンの概要については後述する）。

　そして、ストレングスモデルのプログラム評価は、実習開始前と、実習期間の終わりとなる6か月後に行われた（結果評価）。パイロット・プロジェクトということもあり、非常に広範なアウトカム指標が取り入れられた。ラップ博士らが驚いたことは、そのほとんどのアウトカムにおいて結果の向上が見られたことである。すなわち、地域精神保健センターでのストレングスモデルの実施は可能であり、クライエ

ントへの肯定的な効果が確認された。そのため、ストレングスモデルの技法をより精緻し、モデルの効果の再現可能性（他の地域精神保健センターにおいても同様の評価が得られるか）を調べるために、翌年度には、カンザス州にある他の3つの地域精神保健センターにおいてもストレングスモデルが実施された。これらの機関でのプログラム評価においても、ストレングスモデルの有効性が同様に確認された。このように、ストレングスモデルの実質的な効果が示されたことから、響きのよい言葉を並べただけの根拠がない、医学モデルの対抗モデルとしての批判から、独自のストレングスモデルとして認知されていく。

以上の評価プロジェクトを通じて、ストレングスモデル・ケアマネジメントのための本格的な研修マニュアルが作成される。そして、州の要請により、1980年代の半ばまでには、カンザス州すべての地域精神保健センターのケアマネジャーに対して、2日間のストレングスモデル・ケアマネジメントの基本研修が、ラップ博士の研究・研修所のもとで始められる。さらに、1980年代の終わりまでには、ラップ博士の同僚であったデニス・サリビー博士やアン・ウェイク博士らの、カンザス社会福祉学部の教員や学生などからもストレングスモデルが支持され、哲学的な側面や、精神障害以外の分野でもストレングスモデルが議論され始める。その結果、カンザス大学社会福祉学部は、ストレングスモデルの発祥地としての位置を確立することになる。

ストレングスモデルの支援ツール（道具）の開発

ストレングスモデルのケアマネジメントを行うためには、ストレングスの視点、原理、理論を理解することはその大前提となる。しかしながら、ストレングスモデルのケアマネジメントは、例えば、「ストレングス視点でもってケアマネジメントをしている」といった、疾病モデルとの対比、すなわち、「疾病モデルではないケアマネジメント」の実施を単に意味するものではない。ケアマネジメントをしている者の多く、特に社会福祉教育を受けた実践家の多くが、疾病モデルではなく、ストレングスモデルのケアマネジメントをしていると答えるのではないだろうか。しかしながら、われわれ（カンザス大学の精神保健研究・研修所：KU Center for Mental Health Research and Innovation）がストレングスモデルという場合には、二元論的な視点やモデルの対比を越えた、より積極的な意味合いを持つ。

どれだけよい援助視点や理論が存在したとしても、それらを実行・行動に変換するための具体的な援助実践のツール（道具）がなければ、効果的な実践としては移行されにくい。これは、たとえ実践経験年数の豊富な専門職者であっても同じことがいえる。複雑な視点や理論も、いかにシンプルな形でもって具体的な支援技法に変換できるのかが、継続的で効果的な援助実践では重要になる。特に、日本のケアマネジャー（介護支援専門員や障害者相談支援専門員）が、援助専門資格保持者や経験者によって担われている状況とは異なり、カンザス州では、専門領域も異なる、学部卒業資格程度の実務経験の浅い者が、ケアマネジメントの主な担い手となっている。そのため、経験や教育、専門分野に幅のあるケアマネジャーにも、利用できやすい支援ツールが求められる。

　ラップ博士らの研究チームは、できるだけシンプルな様式で、個人や環境のストレングスをとらえ、当事者自身が人生や生活目標を設定するために役立つツールとして、ストレングスアセスメントを開発した。また、ストレングスアセスメントで収集される本人や環境のストレングスを最大限に活用し、本人の設定する生活・人生目標を達成するためのパーソナルリカバリープランの開発も行った。さらに、それらのツールの使用の質を高め維持するための、グループ・スーパービジョンも開発された。これらの支援ツールの具体的な活用については、本書の第Ⅱ部にて説明されている。ここでは、その背後にある考え方を中心に概括する。

▶ ストレングスアセスメント

　ストレングスモデルは、個人と環境のストレングスを、クライエント自身の視点から記録するストレングスアセスメントの効果的な使用なくしては成立しない。一般的なインテーク（初期面接）の多くが、障害種別や程度に係る、障壁やニーズに焦点を当てたスクリーニングとしてなされることがほとんどである。そのため、欠陥部分を中心に、「支援する側―される側」という関係性を形成しやすい。ストレングスアセスメントの使用は、こういった関係性を回避する。クライエントの多くは、何らかの支援を必要としてやってくる。そのため、クライエントの疾病やニーズを中心としたアプローチは、比較的に取り組みやすく、表面的には、援助関係の構築（エンゲージメント）にも不可欠に見える。しかしながら、長期的な観点からみると、「支援する側―される側」といった固定的な力関係と、その依存状況をつくり出してしまう可

能性もある。

　エンゲージメントとアセスメントとは非常に密接に関わっている。ストレングスアセスメントは、従来型のニーズ型アプローチとは異なった、新たなエンゲージメントのあり方を提案している。第1章にも言及されるように、日本のケアマネジメントでは、まずクライエントの「生活ニーズ」、すなわち、相互に関連する身体・心理・社会面での生活課題と、それらの解決を目指した望ましい生活目標について、詳細にアセスメントすることが強調される。その過程で、それらの生活課題を補い、望ましい生活目標を達成するために活用できるストレングスの発見が目指される。このことから、日本のケアマネジメントは、ニーズ中心型アプローチであり、その課題を補完するストレングスへの着目が重要とされる。一方、ストレングスのケアマネジメントは、ゴール中心型アプローチである。すなわち、クライエントの生活・人生目標にまず焦点が当てられる。もちろん、ストレングスアセスメントにおいても、クライエントが来訪理由として挙げる「ニーズ」を無視するわけではない。クライエントのニーズに対する葛藤への受容的態度は、最も基本的なものである。しかしながら、欠陥やニーズの多くは、比較的に表面化しやすいことが多い（例：感情のコントロールができない）。クライエントは、その葛藤のなかに陥り出口を見失ってやってくる。ストレングスアセスメントは、その葛藤のネガティブな部分を掘り下げるのではなく（専門的診断）、本人や周りが見失いがちな、その人のストレングスや希望を、共に探索するための支援ツールとして使用される。そのため、欠陥やニーズは、ストレングスアセスメントにおいては、その人の持つストレングスや希望、そして、それらを満たす可能性のある環境資源として転換される（例：感情のコントロールができない〔主訴〕→好きな音楽を聴いている時や、図書館などの静かな環境にいる時には、感情をうまくコントロールできる〔ストレングス〕）。欠陥やニーズを掘り下げること（原因の究明）よりも、ストレングスや夢、目標を語ること（解決志向アプローチ／ソリューションフォーカス・アプローチ）のほうが、「クライエント－ケアマネジャー」間での人間的なつながりも形成されやすい。このことは、例えば、同じ対象者に対して、診断モデルによるアセスメント票と、ストレングスアセスメント票とを交互に使用した場合には、その差は明らかである。

　ストレングスアセスメント票の様式は、まず、生活の7つの領域が横軸に設定される（家庭・日常生活、経済生活、仕事・教育、社会関係、健康、余暇・娯楽、精神性・つながり）。そして、それらの7つの生活領域について、①現在利用している、あるい

は利用可能なストレングス、②本人の希望や願望、そして、③過去に利用した個人や環境のストレングスを記入するための欄が設けられている。このアセスメント票の使用は、まず、本人にはどのような生活目標があるのかということから始められる。次に、その目標を達成するために、どのようなストレングスが活用できるのか、また、過去にはどのような環境や自身のストレングスを利用していたのか、といったことが理解される。その際、常にクライエントの目標が明確にされないこともある。その場合には、中央の列を構成する「本人の希望や願望」が、目標を導き出していくうえでも重要な鍵となる。これらの過程を経て、現在最も優先したい目標の明確化が目指される。

ストレングスアセスメント票を初めて使用するケアマネジャーのなかには、「空欄に記入するのは難しいので、ストレングスに関するチェック項目をつくったほうが利用しやすいのでないか」や「心理的なストレングスはどこに書き込むのか」といった声もあるかもしれない。しかしながら、ストレングスアセスメント票は、クライエント自身のユニークな経験を捉えるものであり、10人いれば、10人それぞれ異なるはずである。そのため、ストレングスアセスメント票は、個人のユニークなストレングスを鋳型にはめ込むのではなく、ストレングスに注目した「開かれた質問」を活性化させ、会話の手助けをするものとして利用される。また、どの欄から始めなければならないという形式があるわけではなく、クライエントは、自身の最も関心のある領域のストレングスから始めることができる。どの生活領域にクライエントは関心があるのか、あるいはないのかといったことも、重要な情報源となる。

ストレングスアセスメント票の利用は、白いキャンバスの上に、それまで隠されていたストレングスを見つけ出し、埋めていく活動に他ならない。そして、このアセスメント票の利用は、最も早い段階から始め、セッションごとに見直しと更新（再アセスメント）をしていくことが望ましい。クライエントが支援を求めてやってくる目的は、障害や生活の困難さにあるため、ストレングスアセスメント票の使用なくしては、それらの障害や課題が焦点となりがちである。疾病に着目したアセスメントは、その人自身を理解する以前に、障害部分で固めた「障害者像」をつくり上げてしまいやすい。その結果、これらの障害での制限を否応なしに経験してきている当事者の視点と、障害というレンズでもってクライエントを理解するケアマネジャーの視点が更に限定されてしまう。ストレングスモデルにおけるアセスメントは、クライエントの課題を再確認、強調することを目的とするのではない。ストレングス

アセスメント票に埋められるストレングスを、実際に目にすることは、それまでとは全く異なる、ストレングスを中心としたクライエントのアイデンティティの再構築と、肯定的な心理的変化を促進し、希望を導く鍵となる。

▶ パーソナルリカバリープラン

　クライエントの生活や人生目標が定められると、次に、その目標をどのように達成していくのかという、具体的で、達成可能な段階を明確に設定していく作業が必要になる。その際、それらの設定目標の達成可能性を高めるために、その段階目標は、「詳細、測定可能、達成可能、現実的、そして、時期相応」であることが検討されなければならない。このように、達成可能な目標を設定すること自体が、非常にエネルギーを必要とする作業である。そのため、よくありがちな経験としては、達成目標を設定した段階で満足感を得てしまい、その次の段階、すなわち、実際に、その目標の達成を詳細な段階と行動計画にしていく作業には至らずに終わることがある。設定した目標を、達成しないままに取り残してきた経験は、誰にでもあるのではないだろうか。

　以上のような理由から、パーソナルリカバリープランは、ストレングスアセスメントによって明らかにされたクライエントの目標を、さらに、詳細な形でもって、具体的で、達成可能な段階の行動レベルまで落とし込むために使われる。そして、それらの段階目標それぞれに、達成日程を設定し、本人がどの部分に関して責任を持って取り組むのか、また、本人以外の支援者がどのようにそれをサポートするのかを記入していく。このように、パーソナルリカバリープランを、クライエントとケアマネジャーが共有することで、ケアマネジャーがクライエントと次回会うまでの間、クライエントは自身で設定した段階目標に取り組み、ケアマネジャーが再訪問する際に、その達成の有無が確認される。段階目標が達成された場合には「祝福（セレブレーション）」を行い、達成されなかった場合には、記述欄にその理由が記入される。

　ストレングスモデルにおいては、ストレングスアセスメントの重要性が特に強調されるため、パーソナルリカバリープランの重要性については、その背後に隠れてしまいやすい。そのため、アセスメント票を用いて、クライエントや環境のストレングスに関する情報を得た後で、それらを利用し、クライエントと共に支援計画をつくっていくための、アセスメントとケアプランニングの連結が効果的に行われてい

ないケースも多い。しかしながら、アセスメントとケアプランニングは、車の両輪であり、この2つのツールが揃いストレングスモデルとなる。特にストレングスアセスメントが、本人や環境のストレングスを発見し、設定目標を達成するうえでの動機や希望を促進するものであるならば、パーソナルリカバリープランは、それらを実際の行動として実現していくための地図になるものである。

　パーソナルリカバリープランを作成する際には、達成目標の背後にあるクライエント自身の動機づけを常に明確にしておくことが大切である。パーソナルリカバリープランの上覧にある、「なぜ、この目標を達成することが大切なのか」を記述する欄において、クライエントの動機づけをしっかりと確認しておくことが、効果的な使用につながる。パーソナルリカバリープランの作成により、達成すべき段階と、そのために誰が責任を持つのかという役割の明確化がなされる。そして、一つひとつの段階行動が達成されていく記録は、クライエントにとっても、ケアマネジャーにとっても、自信を積み重ねていくことにつながる。その一方で、何らかの要因により達成されない場合には、設定された目標と、ストレングスアセスメントの見直しを行うサインともなり、達成目標や、動機づけ、援助関係の見直しをするうえでも有効な情報となる。

▶ グループ・スーパービジョン

　全米レベルで実施された、精神保健福祉分野の科学的根拠に基づく実践に関する研究では、援助実践の質の向上と、その維持に寄与する大きな要因の1つとして、質の高いスーパービジョンの提供が指摘されている。前述のように、ケアマネジャーの多くは、援助専門職としての十分なトレーニングを受けずに担っている。ストレングスモデルのケアマネジャーには、その基礎的な知識を身につけるための2日間の研修が義務づけられている。しかしながら、ストレングスモデルに限らず、どのように優れた研修を提供しても、研修内で得られた知識が、その後の実践に生かされる可能性は数パーセント程度でしかないことが知られている。このようなことから、スーパービジョンの果たす役割は非常に大きい。

　その一方で、ケアマネジャーに対する、スーパービジョンが行われていない現状がほとんどである。この背景には、ケアマネジメントに係る業務経費は、通常、クライエントとの1対1の支援活動から費用換算されるため、スーパービジョンの時間に

は単価がつけられないことがある。それは、カンザス州でも例外ではなく、スーパービジョンに要する時間についての費用請求はできない。また、日常業務の忙しさもある。しかしながら、ストレングスモデルを実施する場合には、週に一度、2時間程度の定期的なグループ・スーパービジョンの実施が義務づけられている。

　一般的なスーパービジョンの機能には、機関管理、教育、そして、支援的機能がある。これらのスーパービジョンは、援助実践者への教育や情緒的支援での効果があることは知られている。しかしながら、スーパービジョンがクライエントの結果の向上に与える影響については、その効果は定かでない。ストレングスモデルでは、以上の3つのスーパービジョン機能とは異なる、クライエントを中心としたグループ・スーパービジョンを提唱している。既存のスーパービジョンのほとんどは、明確な構造を持たずに実施されている。ストレングスモデルのグループ・スーパービジョンは、限られた時間のなかで、より効率的にクライエントの目標達成のための支援を目的とするスーパービジョンとして、その構造が明確に規定されている。

　グループ・スーパービジョンの概要は次の通りである。グループ・スーパービジョンにかかわらず、どのようなグループ会議においても、我々が実施している戦略の1つに、「祝福（セレブレーション）」というものがある。グループ・スーパービジョンでは、そのファシリテーター（進行役）であるスーパーバイザーの「グループの祝福から始めましょう！」という掛け声から始められる。グループの参加者は、クライエントの成功や自分自身の成功を、どのように小さな成功例（例：クライエントが、普段は憂うつな買い物を楽しむことができた）であったとしても、グループでわかち合い、その成功を祝福する。一見、非常に小さな仕掛けのようにも見えるが、この「セレブレーション」を行うことで、グループ環境での緊張しがちな参加者の心をほぐし、会議中での笑顔と、肯定的な議論を促進するうえでも有効となる。また、会議の中断となってしまう雑音を極力排除し（例：携帯電話の着信音）、参加者がお互いに安心して発言ができるための「安全な環境・雰囲気」を維持することが大切である。スーパーバイザーは、管理職としての仕事上の力関係を持ち込むのではなく、グループ・スーパービジョンの強さが十分に生かされるための環境づくりと、より効果的なセッションとなるよう、グループを進行することに努める。

　「セレブレーション」の後、ケースの発表者であるケアマネジャーにより、クライエントのストレングスアセスメントがグループに配られる。そして、クライエントの設定目標は何であるのか、そのクライエントの目標達成を支援するうえで、ケア

マネジャーとしてグループからどのような提案が必要なのかが述べられる(例：畠山さんには、料理の腕を生かせる仕事がしたいという目標があり、彼の関心や技術にあった仕事のアイデアを提案して頂きたい)。このように、クライエントの目標と、ケアマネジャーとしての支援目標とを明確に区別することは、専門職の立場から捉える目標が、あたかもクライエントの目標として混同されやすい状況を回避するうえでも役立つ。クライエントの目標は、ストレングスアセスメントの最後にある、クライエントの目標欄から導き出されることが通常である。そして、スーパービジョンで達成したい目標が明らかにされると、クライエントの設定する目標達成のために、それまでどのようなことに取り組んできたのかが伝えられる。これは、後のブレーンストーミング段階において、「その提案はすでに試した」といった出鼻をくじく反応を事前に回避するうえでも不可欠である。参加者のケアマネジャーたちは、配布されたストレングスアセスメントに書き出されたストレングスについて、後のブレーンストーミングに備えるための質問を、ケース発表者に対して行う。そして、ストレングスアセスメントと、質問の回答によって得られた情報をもとに、クライエントの目標を支援するケース発表者であるケアマネジャーにとって、有効であろう提案がブレーンストーミングされる。この間、発表者であるケアマネジャーは発言を認められず、出された提案を記録することに努める。よいブレーンストーミングであれば、30程度の提案が出される。最後に、ケース発表者であるケアマネジャーは、試してみたい提案がブレーンストーミングから得られたかどうか、いつまでにその提案を実行するのかについてチームに宣言し、セッションは終了する。1つのケースに使用される時間は、20分程度である。このように時間制限を設定することが、より焦点を絞った議論を進行するうえで不可欠である。

　クライエント支援のためのスーパービジョンであるならば、「クライエントの参加は認められるのか？」という質問もある。しかしながら、通常、スーパービジョンにクライエントが加わることはないように、あくまでも「クライエントの目標を効果的に支援するためのケアマネジャーのための支援」であり、クライエントへの直接的なグループ支援とは異なる。そのため、通常、グループ・スーパービジョンにクライエントが加わることはない。

ストレングスモデルの研究

　さまざまな支援モデルが開発されているなかで、どの支援モデルを採用するのかは、クライエントにとっては、その生活に直接影響を及ぼすために非常に重要である。クライエントを直接支援するケアマネジャーにとっても、また、その事業所や、さらには補助金を提供する自治体や政府においても重要な決定事項である。このようなことから、ストレングスモデルもクライエントのアウトカムに対する有効性を証明することが必須課題であることは例外でない。

　実践と研究は、しばしば乖離した概念として理解されやすい。しかしながら、日本においても「科学的根拠に基づく実践」の重要性が強調されてきているように、クライエントへの効果が明確でない実践を提供することは、クライエントにとって有害であるとともに、事業所や国の限られた財政資源からも望ましくない。そのため、実践と研究の補完的な関係性はますます軽視できない状況になってきている。

　ストレングスモデルの研究は、1985年から2003年までの間に、擬似実験計画法を含めた4件の実験計画法と、5件の非実験計画法を用いた研究（効果測定）が行われた。それらの研究のどれもが、精神障害を持つ当事者を支援するうえで、ストレングスモデルの肯定的な効果を報告している。アウトカムとして主に結果の向上が見られたのは、精神病棟への入院、自立生活、雇用、精神症状、レクリエーション、ソーシャルサポートと、家族の負担感がある。しかしながら、これらの研究は、ストレングスモデルとしての実質効果を証明するためには、小規模な研究であることや、使用したアウトカム指標の妥当性への批判などが挙げられている。特に、モデルの実施が、計画されたとおりに行われているのかどうかをモニターする、フィデリティ評価（モデルの実施忠実度評価）の欠如が、「本当にストレングスモデルが実施されていたのか？」という疑問にもつながっている。このような反省から、ストレングスモデルのフィデリティ指標開発が2005年に行われた（詳しくは後述する）。

　ストレングスモデルの研究に関する我々の見解は、確固たる科学的根拠でもって、そのモデルの効果を示す段階にはまだ至っていない。そのため、より精緻な研究手法でもって検証していくことが課題となっている。とはいえ、多数のケアマネジメントモデルが存在するなかで、評価研究を積み重ねてきているモデルは、集中型・包括型（Assertive Community Treatment：ACT）とストレングスモデルのみである。さらに、実践に関していえば、ストレングスモデルの効果やその重要性は経験的

に理解されてきている。モデルの開発時から30年にもわたり、カンザス州全域で実践されてきていることや、海外までにもおよぶストレングスモデルへの関心を鑑みると、実践レベルでのモデルの有効性やその根拠は、確実に積み重ねられてきているといっても過言ではない。

　カンザス州では、ランダム化比較試験を用いたストレングスモデルの効果測定を、長年にわたり計画してきている。しかしながら、カンザス州全ケアマネジャーに、ストレングスモデルの基本研修が義務づけられているため、コントロール群（統制群）がつくれないというジレンマを抱えている。他州にも研究参加を打診しているが、それぞれの事情から実施が困難であったり、遠距離でのテクニカル・サポート（モデル実施のための定期的な指導・サポート）が困難であるなど、直面してきた課題も多い。

　一方、アメリカ海外では、さまざまな国でのストレングスモデルへの関心は年々高まっており、モデルの実施とその評価研究も行われ始めてきている。例えば、カナダや香港、オランダなどにおいては、その評価研究が現在行われている。昨今のインターネットを用いたコミュニケーション媒体の発展は、遠距離でのテクニカル・サポートの課題を一部克服し、こういった海外での研究をサポートする一助にもなっている。ストレングスモデルの効果研究については、さまざまな興味深い研究課題も残されている。例えば、日本でも課題となっている専門職のバーンアウト（燃え尽き症候群）は、クライエントのアウトカムに悪影響を与えることがわかってきているが、ストレングスモデルを採用するケアマネジャーにはその傾向が少ないことも示唆されており、実践的な研究が望まれる。日本を含めた海外においても積極的な実践の評価や研究への取り組みが期待されている。

❷ ストレングス視点とモデル〜フィデリティ指標（実施忠実度尺度）の誕生

▶ストレングスモデルのフィデリティ指標開発の背景

　医学モデルが揺るぎのない支援モデルとして理解されてきたなかで、ストレングスモデルの登場は、それまでの援助視点の再構築を迫る大きな衝撃であった。ストレングスの視点は、クライエント中心主義や人間的なつながりの重視を掲げる、社

会福祉の倫理規定や価値とも合致するものである。そのため、多くの社会福祉専門職者によって、医学モデルに代わる、新たな希望のモデルとして受け入れられ、社会福祉の専門性と独自のアイデンティティとしてストレングス視点を捉える流れにもなった。現在では、ストレングス視点に全く言及しない社会福祉系の大学は、アメリカではないといっても過言でない。また、昨今では、アメリカ連邦保健省薬物依存精神保健サービス部（SAMHSA）によってもリカバリーの中核概念の1つとして、ストレングス視点が挙げられている。しかしながら、ここで再び疑問となるのは、ストレングス視点を提唱するケアマネジャーが、実際にストレングスモデルを実行しているのだろうか、という点である。ストレングス視点や哲学を、実際の系統だった援助技法に結びつけることが、クライエントのアウトカム向上を保障するうえでも不可欠である。このような動機から、ストレングスモデルのフィデリティ指標が2005年に開発された。

　ストレングスモデルのフィデリティ指標が重要となる要因は、3つに整理される。まず、実践レベルでは、実際に効果の向上が期待できるストレングスモデルの実践を、ストレングス視点という包括的な表現によって曖昧にされがちな、統一性と具体性の見えない支援から明確に区別することである。フィデリティ指標を用いることで、実際のモデルの適切な導入・実施の方法を明確に示し、モニタリングを行うことが可能になる。次に、カンザス州の精神保健福祉部における政策的な関心がある。ケアマネジメントにかかる費用は、メディケイド（低所得者・障害者への公的医療費制度）によって支払われている。そして、地域精神保健センターが、メディケイドを通じてケアマネジメント費用の代金請求をする際、ストレングスモデルをクライエントに提供している場合には、費用加算がなされる。そのため、モデルの実施が適切になされていることを評価するための指標と、その根拠を必要としている。最後に、研究的な観点から、評価研究を行ううえで、モデルの実施とアウトカムとの因果関係を証明するために不可欠である。

▶ストレングスモデルのフィデリティ指標の構成

　ストレングスモデルに限らず、援助実践モデルの導入・維持において重要となる構成要因には、「構造」、「過程」、「モニタリング管理」がある。ストレングスモデルのフィデリティ指標では、これらに対応する「ストレングスモデルの実施・環境体制」、

「援助過程」、「スーパービジョン」を規定している。2005年のフィデリティ指標の開発時以来、11の大項目が指標として使用されてきた。しかしながら、蓄積してきたフィデリティ・データを因子分析した結果に基づき、項目の改定が行われ、2014年より、9の大項目指標でもってフィデリティ評価を始めている。現在、改訂版の有用性と妥当性に関する評価を行っている。

　主要な項目の変更としては、例えば、「クライエントの生活する地域での活動」という項目が、以前は「援助過程」に分類されていたが、改訂版においては「ストレングスモデルの実施・環境体制」に分類されている。また、「雇用支援に関する専門職の導入の有無」が、初期の指標には含められていたが、改訂版では削除された。この項目は、精神障害を持つ人にとっての雇用が、質の高い自立生活を支援していくうえで非常に重要であるという西洋的な文化背景もあり、ACTなどのフィデリティ指標でも多く採用されている。しかしながら、因子分析の結果から除外されたこと、また、ストレングスモデルでは、その人自身の望む生活を、雇用といった特定の領域から強調するものではないことから削除された。最後に、改定前の指標では、「クライエントの希望を促進する支援」を行っているかどうかを測定する項目として、クライエントの希望を砕く実践をしていない、という支援態度を中心に測定されていた。しかしながら、改定版では、より肯定的な評価視点から、希望を促進する支援を行っていることを測定できるものにしている。それぞれの項目は5段階から評価され、可能な合算点数は、9点から45点の間をとり、37点以上が質の高い実践として評価される。

▶ ストレングスモデルの実施・環境体制（構造）

　支援モデルの実施において、それらがシステムレベルでサポートされていることが重要である。例えば、1人のケアマネジャーが、50人ものクライエントを担当していた場合、その一人ひとりのクライエントと関係性を構築し、一人ひとりのユニークなストレングスに着目した支援は、時間的にも労力的にも不可能である。また、ブローカーモデルのように、事務所の机上では、ストレングスに基づく支援ができないことは述べたように、クライエントが住む地域のなかで活動することを基本としなければ、モデルの使用が有効に行われているとはいえない。事業所としては、ケアマネジャーが事務作業に追われるのではなく、地域に出て、クライエントとの十

分な活動ができる時間や体制の確保を保障する必要がある。そのため、カンザス州では、「ストレングスモデルの実施・環境体制」の項目が達成されない段階では、ストレングスモデルの実施導入は行われない。特に、ケアマネジャーの担当ケース数が20人以下であること、また、ケアマネジャーの勤務時間の80％以上が地域での活動に割り当てられることを目標とし、それらの達成がストレングスモデルの導入において重要な指標となる。

▶ スーパービジョン（モニタリング管理）

ケアマネジメント・チームにおいて、「ストレングスモデルの実施・環境体制」が整えられた後、スーパービジョン体制の確立が進められる。その主要な項目としては、週に一度、90分以上のグループ・スーパービジョンが提供されているかどうか、そのグループ・スーパービジョンは、ストレングスモデルで提案されている手順に従っているのかどうか、また、スーパーバイザーは、モデルで規定されている業務を行っているかどうか（例：ストレングスアセスメントやパーソナルリカバリープランの見直し、ケアマネジャーへの実地指導）である。ストレングスモデルでは、スーパービジョン体制の確立と、ケアマネジャーを支援するスーパーバイザーの役割が非常に重要であると位置づけている。このスーパービジョン項目が向上することで、「援助過程」での向上が期待される。

▶ 援助過程（過程）

「ストレングスモデルの実施・環境体制」と「スーパービジョン」領域が、比較的早い段階で達成される一方、この「援助過程」領域は、最もその向上に時間を要する。「援助過程」では、ケアマネジャーが、ストレングスアセスメントを定期的に使用しているのかどうか、クライエントや環境のストレングスでもってケアプランが作成されているのか、地域に存在する自然発生的な資源が使用されているのか、また、クライエントの希望を高めるための直接支援がなされているのか、といった項目から捉えられる。

▶ ストレングスモデルの導入過程とフィデリティ評価

　カンザス州では、地域精神保健センターでのケアマネジメント業務を担う者には、学部卒業資格か、それに相当する資格が求められる。さらに、全ケアマネジャーには、カンザス州社会福祉学部に付属する我々の精神保健研究・研修所が提供する、2日間のストレングスモデル基本研修の受講が義務づけられている。さらに、地域精神保健センターが、通常のケアマネジメント支援費用枠を超えて、ストレングスモデルの実施による加算費用を請求するためには、ストレングスモデルのフィデリティ指標において、高い質を維持していることの証明が必要となる。

　ストレングスモデルを採用する地域精神保健センターには、初期開始費用として、州政府から補助金が提供される。また、地域精神保健センターが提供するサービスのなかでは、ケアマネジメントで得られるサービス単価が最も高いこと、そして、高得点のフィデリティ評価を得た場合には加算費用を請求できることから、ストレングスモデルの実施を可能とする環境体制が整えられている(例：担当ケース数の制限、グループ・スーパービジョンの時間確保)。こういった誘引が、地域精神保健センターでのストレングスモデル採用を後押ししている。

　カンザス州にある27か所の地域精神保健センターには、その規模にもよるが、通常、複数のケアマネジメントチームが存在するため、ストレングスモデルの導入は、そのチームレベルで行われる。地域精神保健センターのケアマネジメントチームから、ストレングスモデルの導入依頼を受けると、我々の研究・研修所が、2名のストレングスモデルのトレーナー兼コンサルタントを派遣し、フィデリティの初期(ベースライン)評価を実施する。フィデリティ評価は、ランダムに抽出したクライエントのケース記録、クライエントやケアマネジャー、スーパーバイザーへのインタビュー、実践の直接観察、ストレングスモデルのツールの評価などで行われる。2人のトレーナー兼コンサルタントが、それぞれに個別に評価を行い、後に点数を照合することで合意点数が与えられる(我々の研究では、両者間での評価一致度は非常に高い)。そして、その1か月以内に、地域精神保健センターでのリーダーシップ会議が実施される。通常は、地域精神保健センターのケアマネジメント・プログラム長を始め、ケアマネジメントのチームリーダーなどによって構成される。このリーダーシップ会議において、フィデリティ初期評価の結果報告とコンサルテーションが実施される(例：改善点や今後の方向性などの話し合い)。さらに、週に一

度のグループ・スーパービジョンの導入が始められる。ストレングスモデルの導入初期段階では、ストレングスモデルのトレーナー兼コンサルタントが、グループ・スーパービジョンの進行役を務める。この進行役は、ケアマネジメントチームのスーパーバイザーが、その技法を会得し、自信をつけていく過程で、徐々に役割移行がされていく。また、週に一度、ストレングスモデルのトレーナー兼コンサルタントは、スーパーバイザーに個別のコンサルテーションを提供するとともに、ケアマネジャーがクライエントと面会する場面にスーパーバイザーと共に参加し、フィールド・メンタリング（実地指導）も行う。これらのコンサルテーションが継続的に行われ、モデル開始後の6か月地点において、フィデリティの再評価が行われる。そのフィードバックと改善に関する提案は、再びリーダーシップ会議にて行われる。我々の研究結果から、この6か月地点で、ほとんどのチームがフィデリティの高得点を獲得することが可能であることもわかっている。このコンサルテーションは、モデル導入の1年間には特に集中的に行われ、2年間継続される。6か月後のフィデリティ評価以降は、12か月、18か月、そして、24か月評価が行われ、その後、年に1回の評価が行われる。科学的根拠に基づく実践の研究から、モデル導入の2年間にわたりフィデリティの高得点を維持した場合、その後の実践が安定しやすいことが知られている。

　フィデリティ指標を用いることの重要性は、我々の最近の研究からも証明されている。すなわち、ケアマネジメント・チームのフィデリティ得点の向上と、クライエントの精神病棟への入院や雇用などの結果の向上とが比例することが証明されている。現在、フィデリティ指標の改訂版の使用は始まったばかりであり、改定前と改定後の両指標を用いた評価を平行して行っている。改定前のフィデリティ評価で高得点を得るチームは、改訂版においても比較的安定して高得点を得る傾向がある。しかしながら、改定前のフィデリティ評価で低得点を得るチームに関しては、改定後のフィデリティ評価でも低得点を得る一方で、その差異がより顕著になる。そのため、改定版のフィデリティ指標が、モデルの実施に関するより詳細な差異を検出できるのではないかと期待している。

ストレングスモデルの今後の展開

　ストレングスモデルが誕生し、30年の月日が経つ。しかしながら、どのような援

助実践モデルも、それらの理論と実践が統合され、モデルの実施と結果の改善に関する因果関係が証明されるためには、より長い年月を要する。ストレングスモデルは、その誕生の経緯から、精神障害を持つ人々への支援を中心に発展してきた。その後、他の領域（例：高齢者）でのストレングスモデルの活用も試みられているものの、詳細な評価研究には至っていない。また、ストレングスモデルは、クライエントとの言語コミュニケーションを主要な媒介として実践されるため、言語コミュニケーションの難しいクライエントを対象とした研究はなされていない。例えば、自身のストレングスを言語的に表現しにくい知的障害や発達障害を持つ当事者にとっては、行動観察手法や、キーインフォーマント（クライエントのことをよく知っており、その思いや希望を代弁することのできる人）の情報を取り入れたストレングスモデルの開発や、その有効性を検証していくことが重要である。あるいは、発達途上にある児童を対象とした場合には、モデルの応用をどのように行うのかも課題となっている。現在、精神障害を持つ12歳から17歳までを対象としたストレングスモデルの導入を試み始めており、モデルの有効性がわかってきている。既存モデルが成人を対象としたものであることや、西欧文化の個人主義的立場から、ストレングスモデルのアセスメントにおいて、家族が介入することはあまり考慮されてこなかった。しかしながら、17歳以下の年齢層を対象とした場合、家族の関わりは必然的に大きくなるため、時には反駁する可能性のある子どもと親の視点を、どのようにバランスをとりながら取り入れていくのかも課題となっている。特に日本においては、家族関係のあり方が重要となる文化背景、あるいは、意思疎通での課題も含めた3障害共通のケアマネジメント実践が行われている制度的背景を鑑みると、ストレングスモデルでの家族の位置づけは重要な課題になっていくように思われる。

　また、ストレングスモデルの有効性は、ニーズのレベルによっても異なるのかといった疑問もある。例えば、ACTのような、非常に集中的で危機介入を必要とするクライエントにもストレングスモデルが効果的であるのかどうかは明らかになっていない。あるいは、住む場所や、食事や栄養の確保といった基本的なニーズの確保がまず先決となる、ホームレスのクライエントには、ストレングスモデルでもってどのようにアプローチすることができるのかという課題もある。さらには、犯罪を犯し、サービスを自主的に欲するのではなく、再犯リスクの回避を目的とし、法の影響下で支援受給することが義務づけられる対象者には、どのようにアプローチできるのかも関心となっている。リスク管理とストレングスという一見対立しやすい概念

の狭間で、ストレングスモデルを活用することの可能性が議論されている。このように、さまざまなストレングスモデルの応用課題がまだ残されている。

　昨今では、複数の科学的根拠に基づく実践を組み合わせることが、より効果的なアウトカムを導くこともわかってきている。我々の研究・研修所では、ストレングスモデルを柱とし、例えば、個別的就労支援方式、家族心理教育、統合的重複障害治療などの実践モデルから、それらの主要素を統合した、新たなモデルの開発も進めている。こういった統合モデルの背景には、モデルの有効性が認識されながらも、その完全な実施が困難な場合においても、そのモデルの強さを一部利用するという目的もある。例えば、科学的根拠に裏づけられたケアマネジメント技法であるACTも、そのモデル実施のための単価が非常に高いことから、州財政の逼迫状況により継続を断念している州も多い。このような場合にも、ACTモデルの持つ強さを活用し、ストレングスモデルに統合することが可能となる。また、動機づけ面接（モチベーショナル・インタビューイング）の技法が有効であることもわかっていることから、ストレングスモデルのケアマネジャーに対して、動機づけ面接技法を利用したストレングスアセスメントの実施の可能性についても研究を始めている。

❸ まとめ

　歴史が明らかにしてきた事実は、施設を中心とした支援では、障害を持つ当事者のリカバリーは促進されない。州政府の財政的逼迫に合わせ、政策的な移行にも後押しされながら、脱施設化が推進されてきた。その一方で、期待されていたケアマネジメントは、その有効なモデルを持たないまま、地域生活支援体制や支援資源の未整備も加わり、多くの当事者を路頭に迷わせることになった。

　このような歴史を回顧すると、ストレングスモデルは一体何を強調してきたのか。それは、クライエントの、生活者としての主体性に基づく人間的なつながりに他ならない。それまでのアプローチは、診断主義に依拠する医学モデルに代表されるように、ニーズを中心に、どのように欠陥部を補うのかといったことに焦点が当てられてきた。当事者自身が、どのような生活を望むのかという、人間の主体性にとって最も基本的な関心に目を向けたケアマネジメントモデルは、ストレングスモデルが初めてである。人間の主体性への気づきは、ストレングスへの気づきでもある。そ

して、そのストレングスへの気づきは、限定された公的社会資源の受給者としてではなく、地域に存在する社会資源の主体的な利用者(生活者)としての気づきでもある。このことからも、ストレングスモデルでは、自然発生的な社会資源の利用ということが絶えず強調されることは必然的な流れといえる。例えば、社会福祉施設の利用は、その限定的な受給者規定から、当事者を障害者として規定する。これは、地域に開かれた社会資源(例：歯科医師、図書館)を、生活の主体者として利用することとは異なる。ストレングスモデルのケアマネジメントは、クライエント自身の設定する目標を中心に、地域での人間的なつながりを再構築する支援に他ならない。

　ストレングスモデルは、その思想や理念にとどまらず、具体的な支援ツールを発達させ、研修体制を確立し、そのモデルの実施をフィデリティ指標から定義し、トレーナーやコンサルタントによって高い質を確保してきた。環境の統制しにくい地域社会でのモデル評価は困難でありながらも、ストレングスモデルの実践者であるケアマネジャーや州レベルでの評価、そして、何よりも、その効果を直接経験するクライエント自身によって肯定的に評価されてきていることの意義は大きい。ただ、いかなるよいモデルも、財政的な裏づけがなければ維持できない。このような観点からも、フィデリティ指標を基準に、医療保険システムにそのモデルの実施を組み入れてきたことは、戦略的にも非常に成功している要因である。科学的根拠に基づく実践の導入だけでなく、それらの質を長期的に維持していくために、他の州においてもカンザスでのこのような戦略が取り入れられつつある。

　ストレングスモデルへの関心は、障害を持つ人々のリカバリーを実現する実践として、国境を越え、専門領域を越えて益々高まっている。ただ、ストレングスという響きのよい、一見すると非常にシンプルな印象を持つ言葉のみが先行し、本来の意図する実践が行われていないことも多い。ストレングスモデルの支援ツールを実際に使用し、その奥深さに触れることで初めて、ストレングスという概念の持つ、当事者にとっての意味の重みが理解されるのではないであろうか。そのためには、研修の充実と、支援ツールの活用、フィデリティ指標を用いた実践の質の維持・向上が重要である。

文献

1) Fukui, S., Goscha, R., Rapp, C. A., Mabry, A., Liddy, P., & Marty, D.（2012）. Strengths model case management fidelity scores and client outcomes. *Psychiatric Services, 63*（7）, 708-710.
2) Rapp, C. A.（1998）. *The strengths model: Case management with people suffering from severe and persistent mental illness*. Oxford University Press.
3) Rapp, C. A., & Chamberlain, R.（1985）. Case management services for the chronically mentally ill. *Social work, 30*（5）, 417-422.
4) Rapp, C. A., Goscha, R. J., & Fukui, S.（2014）. Enhanced consumer goal achievement through strengths-based group supervision.
5) Rapp, C. A., & Moore, T. D.（1995）. The first 18 months of mental health reform in Kansas. *Psychiatric services*（*Washington, DC*）, *46*（6）, 580-585.
6) Rapp, C. A., & Sullivan, W. P.（2014）. The Strengths Model: Birth to Toddlerhood. *Advances in Social Work, 15*（1）, 129-142.
7) Weick, A., Rapp, C., Sullivan, W. P., & Kisthardt, W.（1989）. A strengths perspective for social work practice. *Social Work*, 350-354.

第 II 部

ストレングスモデルに基づいた
ケアマネジメントの進め方

第1章

新しい生き方の再発見：ストレングスモデルの基盤

▶ 前提となるストレングス視点

障害のある人は、新しい生き方を再発見し、取り戻し、生き方を変えることができる。

- 人は学び、成長し、変わり続けることができることの確信が重要である。
- 自己実現的な目標が重要である。
- 「前向きな期待」の力を活用する。
- 「可能性を探る」取り組みはすべての状況に影響を与える。
- 障害のある人は、新しい生き方の再発見のなかで前進する。

▶ この章の目的

ここでは新しい生き方の再発見（リカバリー）プロセスの基礎的な理解ができ、そのプロセスが、支援を受ける人の生活の再構築に貢献することのできる方法について理解する。そのためには、以下のことに留意する。

- 支援を受ける人の新しい生き方の再発見のために、医学的な観点以外の要因や出来事などほかの点も考慮する。
- 新しい生き方の再発見の考え方を理解する。
- 新しい生き方の再発見のプロセスとその成果について理解する。
- 心の薬（心の糧）（パーソナルメディシン）を理解することにより支援者が行うことを学ぶ。
- 新しい生き方の再発見に対する見方の段階を学び、それらを一緒にいる支援者の仲間と共有する。

❶ 新しい生き方の再発見（リカバリー）という見方がなぜ必要なのか？

　障害の有無には関係なく、今まで困難なことを克服した経験は誰にでもあります。人は何から回復しているのでしょうか？　自分自身の場合について考えてみましょう。

　自分自身の経験を考えてみる際の具体例：
　・貧しかったこと
　・少年時代に思っていて実現しなかった夢
　・友人とのつきあいや人との関わり
　・自分探し、自分とは何だろう
　・地域から孤立している感じ
　・少年時代にいじめに遭ったこと、家庭で虐待されたこと
　・タバコ、薬物、ゲーム、ギャンブルなどへの依存
　・差別されたこと、ののしられたこと
　・ペットの死

　困難な状況に置かれている時はとても辛いですが、困難な状況にばかりに目を向けているとうまくいかないことが多々あります。そのため、困難を乗り切った状況をイメージして、今の状況に対応できることが重要です。

❷ 障害のある人と関わるうえで大切なこと：共感的な理解を生み出すには

1 障害のある人が新しい生き方の再発見（リカバリー）ができると信じること

　このことはストレングスモデルの基盤であり、最も重要なことです。利用者が新しい生き方の再発見までのプロセスのなかで、支援者は希望に基盤を置きながら利用者と一緒に見つけていきます。

2 障害のある人が生き方を自分で決めることができると信じること

　自分の夢や目標に向かって、どのような人生を送りたいかは自分が決めなくてはなりません。

3 障害のある人が生き方を自分で選択することができると信じること

　他人が決めたことに従うことは力にならないことが多々あります。人から与えられた人生は新しい生き方の再発見にはなりません。自分で決めることのできない人は、自分の人生を見つけることができない状態にあります。そのため、何ができるのか、決められるのかを見つけていき、少しずつ選択の幅を広げていくことで自信がついてくるのです。

4 障害のある人の新しい生き方の再発見（リカバリー）の歩みを尊敬すること

(1) 利用者の新しい人生の再発見を信じている態度を示す

　利用者の状況に対して、利用者が必ず新しい人生の再発見ができると支援者は信じることが重要です。支援者が信じていることをどう態度で表すかがよい結果につながり、利用者の希望にもつながっていくのです。

(2) コミュニケーションと言葉

　利用者とのコミュニケーションでは、利用者が支援者の言葉をどう受け止めているかを常に考える必要があります。これは、利用者と会っている時でも、利用者が不在の時でも常に考えることが重要です。例えば、重度の障害、機能の低下といった言葉を聞いた時、できないことを支援者の先入観で評価することがあります。しかし、人はできないことだけがすべてではありません。私たち（支援者）は（利用者が）誰でも皆弱点を抱えながら生活していることを理解しなければなりません。

5 障害のある人が新しい生き方の再発見（リカバリー）をするプロセスは回り道をしながら少しずつ進む

　人は、興味・関心を持つと変わっていくものです。また、そこから何かを学ぼうとするものです。新しい人生の再発見は決められたものではなく、それぞれ違うものであり、利用者にとってのプロセスを決めていくことができるのです。

誰もがうまくいかない状況からよい状況へと変わる可能性があり、すべての利用者が新しい生き方を再発見することができます。支援者は利用者に対して自分ができる精一杯のことをしたいと思っていますが、利用者がよいと思うことを支援するのであって、支援者がよいと思うことを支援するのではないことを理解しなければなりません。支援者が一番よいと思っても、利用者が望まなければ意味がないのです。新しい生き方の再発見は、利用者と支援者との関わりのなかで関係性を構築し、希望が生まれ、新しい生き方の再発見につながるのです。支援者は、利用者の新しい生き方の再発見の過程を側面から支えていく必要があります。

❸ 障害のある人にとって新しい生き方の再発見（リカバリー）の意味するものと意味しないもの

何が新しい生き方の再発見なのか

　新しい生き方の再発見は、機能障害・病気があるからできないという見方ではなく、機能障害・病気があっても意味のある人生を送るために、目標を設定し、目標に向かって進んでいく過程が新しい生き方の再発見になります。たとえうまくいかない状態が続いても利用者が積極的に取り組んできた過程が成長になるのです。

　目標に向かっていろいろな場面で選択し、利用者が自分で決めていくことになりますが、そのなかで「自分が何をしたいのか」、「自分にとって有意義なことは何か」は自分自身を理解することにつながっていきます。支援者が利用者の人生を決めつけるのではなく、利用者自身が自分を理解し、やりたいことを見出しながら、自分の人生を見つけていくのです。以下、新しい生き方の再発見が意味するものと、意味しないものを示します。

新しい生き方の再発見が意味するもの
・新しい生き方の再発見は、利用者が病気や障害により起こる経験をしなくなることではない。新しい生き方の再発見は、利用者の症状がなくなることを言っているのではなく、症状や障害があってもやりたいことを成し遂げ、豊かな人生を送ることが可能であることを意味している。
・人（利用者）は、生活の主な決定を自分でコントロールすることを意味する。
・人は、人生経験について理解し、その経験から役に立つものの見方を開発し、前

進する力があることを意味する。
・人は、人生について前向きな考え方をすることを意味する。
・人は、自らの健康を促進するために、目的に合わせて段階を踏んでいくことを意味する。
・人は、希望を持っており、人生を楽しむことができることを意味する。

新しい生き方の再発見が意味しないもの
・新しい生き方の再発見は、その人が努力をしなくてもよいことを意味しない。
・新しい生き方の再発見は、その人が保健医療サービスを利用しないことを意味しない。
・新しい生き方の再発見は、その人が薬物による治療を行わないことを意味しない。
・新しい生き方の再発見は、その人がサービスを利用するすべての面で、完全に自力で決定することを意味しない。

❹ 心の糧（パーソナルメディシン）を理解する

　病気や障害は医薬品だけでよくなることはないので、心の糧は新しい生き方の再発見において重要になります。そのためには、私たちは、心の糧と医学による治療法との関係の正しいバランスを見つける必要があります。特に、精神医学では薬物だけが効くわけではないため、治療法は幅広くなります。

　あなたが気管支炎にかかった時、または抗生物質が必要な何らかの病気で医師に受診する時のことを少し考えてみましょう。短い検査のあと、医師は診断を確認して、あなたに抗生物質を処方します。あなたは家に帰って、薬を飲みます。そして2、3日の短い間によくなり、いつもどおりの生活に戻ります。この場合、患者としてのあなたが行うことは処方された薬を、ただ飲むことだけです。精神医療（慢性長期的な疾患や障害に関する医療）では、たいていこのようにはならないため、生活指導を含めて、幅広い対応がなされます。

　医療は、新しい生き方の再発見を支援する強力な道具であることは確かです。しかし、私たちの新しい生き方の再発見のために、医療だけで行うことはできません。

私たち自身が、行動しなければならないのです。私たちが、自らの生活を立て直す必要があるのです。心の糧は医療がより効果的に働きかけるよう、助けることができます。

私たちにとって、医療と心の糧のちょうどよいバランスを見つけることは新しい生き方の再発見の鍵です。心の糧と医療との適正なバランスを見つけるならば、私たちは回復のための機会と、私たちが望む生活の機会を最大限にすることになるでしょう。

・心の糧に当てはまること

　心の糧は、私たちの生活をよくするために、私たちが主体的に行うことです。それは、仕事、コミュニティ、他者からの信頼および家族の絆のように、重要なものもあります。また、私たちの生活の質や喜びを加えるために、好きなガーデニングや、ペットと遊ぶことのように個人的で趣味的なこともあるでしょう。

　心の糧は個人的なもので、私たち一人ひとりの特有なものを反映します。また、心の糧は、最終的には、私たちが個々人で再発の徴候を管理し、かつ病院に戻るような望まれない結果を回避するのを助けます。例えば、心の糧は、怒りをコントロールしてうまく発散できたか、冷静さを保つためにアルコール依存症の当事者の会合に行くことができたかなどが該当します。

・心の糧に当てはまらないこと

　すべての取り組みが心の糧となるとは限りません。心の糧は、私たちが行うことであり、私たちが受動的に得るものではないのです。例えば、睡眠薬を飲むことは、心の糧ではありません。心の糧は、能動的であり、受動的なものではありません。睡眠を改善するためにベッドに入る前に本を読むことは、心の糧といえます。静かに読書することは私たちが受けるものではなく、実行することだからです。心の糧は将来の遠い目標ではなく、むしろ、今、すべきことです。例えば、「私は働きたい」という漠然とした表明は、心の糧ではありません。それは、重要な目標かもしれませんが、表明した人が今それをしていないので、それは心の糧ではないのです。「忙しく仕事をすることによって、自分がそれに専念し、よい状態を保つ」ことは、心の糧といえます。それは、その人が今何をするかを示しているからです。最後に、心の糧は、心の状態ではありません。例え

ば、「落ち着く」ことは、心の糧ではないのです。落ち着くために私たちが行うことが、心の糧なのです。

・「必要なことは、障害という挑戦に向き合って、新しい生き方を再構築し、誠実な感覚を評価し、目的を内に秘め、障害の限界を越えようとすることです。望ましいことは、大切な貢献が認められるコミュニティ（地域社会）のなかで、生活や仕事をし、愛することです」　　　　　　　　　　　　　　　― パット・ディーガン

・「新しい生き方の再発見（リカバリー）はプロセスであり、生活の方法であり、態度であり、日々の挑戦するべきことに近づく方法です。それは、一連の完璧なプロセスではありません。時として、私たちの針路は不安定です。だから、私たちは、つまずき、後ろにすべり、建て直しを図り、再出発するのです」
　　　　　　　　　　　　　　　　　　　　　　　　　　　　　　　― パット・ディーガン

「心の糧」作成シート

名前：＿＿＿＿＿＿＿＿＿＿＿＿＿＿＿＿＿＿＿＿＿＿＿　　　　日付：＿＿＿＿＿＿＿

　心の糧は、より快適に感じ、幸福感を増すことに役立ち、誰にとっても能動的なものです。心の糧は、次のようなものです。

　　　　　・日曜大工　　　・3歳の娘のよい親になること　　　・野菜菜園

　私たちが、心の糧について話す時、医師によって処方された薬物について話しているのではなく、店頭で販売されている錠剤やビタミン、ハーブ療法について話しているのでもありません。心の糧は、個人的なものです。あなた自身やあなたの生活がより快適になるよう助けるもので、あなたが行動することです。

　ちょうど精神薬物のように、心の糧はあなたのために作用し、有効なものです。例えば、公園の散歩は、自然との結びつきを感じさせ、気持ちを切り替えるのに役立ちます。公園を散歩することは、心の糧であり、自然との結びつきや気持ちの切り替えは、有効成分として役立つ方法です。

　このワークシートは、あなたの心の糧を認識し、どのように役立てるかを考えるためのものです。あなたに役立つ活動について、表に書き込みましょう。下記の例を読んで、あなたの答えを記入してください。

	心の糧	有効な活動（どのように役立ちますか？）	上位3つを支援者と共有する
例：あなたが快適に感じること	公園の散歩	自然との結びつきを感じ、気持ちを切り替える	
あなたが快適に感じること			
意義ある生活にするために行うこと			
自分自身が行うことで快適になること			
日々の生活のなかで楽しんで行うこと			
あなたが不快に思う時に役立つこと			
人生のなかで最も重要なこと			

次に、表に記入したもののなかであなたが最も大切にしている3つにチェックを入れてください。次回の支援者との話し合いの時に共有しましょう。あなたの望むよい状態を知っておくことは、あなた自身を支えるとともに、支援者はあなたの回復のための心の糧と薬や具体的支援との適正なバランスのある生活について知ることができます。

　あなたの心の糧は、新しい生き方の再発見（リカバリー）の促進と共通点がありますか。

1．あなたの心の状態がよくなるのを助け、新しい生き方の再発見を強めますか。
　　　　　　　　　　　　　　　　　　　　　　　　□　はい　　□　いいえ
2．自身の生活で今、すべき何か大事なことがありますか。　□　はい　　□　いいえ
3．それは感情や心理的要素とは違う具体的な活動ですか。　□　はい　　□　いいえ
4．受身で行っていることでなく自分で行っていることですか。□　はい　　□　いいえ
5．それはあなたにとって、特別な価値のあるものですか。　□　はい　　□　いいえ

　あなたが、これらの質問に「いいえ」と答える場合には、心の糧を用いて取り組むことにより、医療、福祉などの専門性の高いスタッフによる支援をさらに効果的にすることでしょう。

❺ 新しい生き方の再発見（リカバリー）の5段階 ― 阿部清子（アベキヨコ）さん（仮名）のストーリーをもとに

❶ 現実に打ちのめされる時期

　清子さんは主婦をしていました。家を毎日ぴかぴかに掃除して、きちんと家事をする主婦でした。
　こころの病気になって、日常のことができなくなってきました。
　人形ケースを拭く時に、人形をどかすこともできませんでした。
　今までのようにできなくなって、絶望感を感じていました。

❷ 人生はこのようなものと思う時期

　清子さんは家族からは怠け者に見られていると思いました。
　結婚関係もぎくしゃくしてきました。強い言葉で言われたこともありました。
　でも、家事がうまくできない自分だから仕方ないと思っていました。
　結婚生活もダメになってしまいました。
　実家に戻り、居づらさを感じて過ごしていました。

❸ 変化は可能ではないかと信じ始める時期

　清子さんは家には居づらかったので、町の図書館や市役所によく通っていました。市役所の福祉課の人が携帯電話の使い方や家族とのことなど、いろいろ気軽に話を聞いてくれました。

❹ 変化する確信を持つ時期

　清子さんは家ではどうしても気を使ってしまいます。そのため肩身が狭い思いをしていました。
　「家に居づらくてどこかに出かけられる場所が欲しい」と福祉課の担当者に話したところ、「障害のある当事者の集まるセンターがあるよ。行ってみたら？」と紹介してくれました。
　センターに行ってみると、しばらく顔を見せないと心配してくれる人や、自分と同じような体験をした人たち、いろいろな人との出会いが生まれました。

5 変化のために行動を起こす時期

　清子さんは地域の公民館にある福祉喫茶で有償のボランティアを始めてみました。

　少しでしたが賃金がもらえて、夫と離婚後、月に1回程度別れて暮らす子どもに会う時に、子どもの好きな物をプレゼントできるようになりました。その時に子どもからお礼でもらったコップが今でも大事な宝物になっています。

　センターでできた友だちと時々コンサートやバス旅行にも行っています。

　実家の家族とも、今は病前の時のように普通に話すようになりました。

　病気になって離婚もしましたが、いろいろな出会いがあって、視野が広がって、今の自分のほうが病前の自分よりも自分らしいと感じています。

第2章 ストレングス視点に基づいたアセスメント

▶ 前提となるストレングス視点

焦点は欠点よりも個人のストレングス(強さ)に置かれる。

- 人はそれぞれが持つ興味・関心や向上心、ストレングス(強さ)に基づいて成長する。
- 人は、人生をうまく生きるために家族や地域社会が持っている資源を使う。
- 人は、得意なこと、楽しめること、自分にとって意味のあることに時間を使う傾向がある。
- ストレングス(強さ)に焦点を当てることは、行動の動機づけを強める。
- 欠点に焦点を当てることは、絶望やできないといった感情を強める。
- ストレングスモデルは自立を助ける。
- 包括的なアプローチは、支援の目標に一致していくことになる。

▶ この章の目的

この章を通して、新しい生き方の再発見(リカバリー)を促進するために、ストレングスアセスメントの活用方法を理解する。

- ストレングスの4つの側面を理解する。
- ストレングスアセスメントを使用する目的や利点について理解する。
- ストレングスアセスメントの重要な内容とプロセスを構成する要素について理解する。
- 現在支援している利用者に対してのストレングスアセスメントを始めるようになる。

1 ストレングスの4つの側面

1 ストレングスの6領域

　ストレングスには大きく個人のストレングス、環境のストレングスの2つがあり、さらに、個人のストレングスには、熱望(強い願望)、能力(過去行ってきたことを含めた能力)、自信(目標に向かって段階的に進む)の3領域があります。環境のストレングスには、資源、社会関係、機会の3領域があります。これらの6領域は相互に影響し合っており、特に、熱望、能力、自信の相互作用が個人のストレングスの強化につながっていきます。この6領域を念頭に置きながら、ストレングスの4つの側面にそって、ケースを整理していくことは利用者を全体的に理解するうえで重要です。

2 4つの側面による整理

　4つの側面とは、「性格・人柄／個人的特性」、「才能・素質」、「環境のストレングス」、「興味・関心／向上心」をいいます。

(1) 性格・人柄／個人的特性

　例えば、正直な人、おもしろい人、話し好きな人など、いろいろなタイプがあります。

(2) 才能・素質

　得意なこと、人に誇れることなどが該当します。

　例えば、楽器がよくできるとか、料理が上手とか、どのようなことでも本人が得意と思っていることで構いません。

(3) 環境のストレングス

　利用者を取り巻く環境のなかにあるストレングスであり、その人のストレングスを強めるように働くものです。例えば家族や友だち、仕事などが該当します。

(4) 興味・関心／向上心

　利用者が関心を持っていること、学びたいと思っていることなどです。例えば大学を卒業したいとか、職業の訓練をしたいとか、家族を持ちたいなどが該当します。どのようなことでも利用者本人の向上心、学ぶ思いがあるものがよいでしょう。

ストレングスアセスメントの整理を行うために、これら4つの側面による整理は、利用者のストレングスを見出し、整理していくうえで有用です。

表 （例）Aさんを4つの側面で記述してみる

性格・人柄／個人的特性	才能・素質	環境のストレングス	興味・関心／向上心
・正直、うそをつかない ・思いやりがある ・希望を持っている ・勤勉、よく働く ・我慢強い ・繊細、神経質 ・話好き ・友好的、愛想がよい ・喜んで人の手伝いをする	・トランプの達人 ・計算やお金の管理が上手 ・自動車の修理（整備）ができる ・石垣を組み上げることができる ・フラワーアレンジができる ・有名な大リーグ選手についてすべて知っている ・コンピューターが得意 ・ロックミュージックについて詳しい ・優れた記憶力	・家が居心地の良い安心できる場所である ・親身になって心配してくれる人がいる（ブラザーサムのような人がいる。：アメリカのテレビドラマの登場人物。過去に犯した過ちを悔いて牧師となり、自動車修理工場を経営し出所した元受刑者たちに働く機会を提供している） ・親友と呼べるペット（犬）がいる ・2年前までは地域社会に溶け込んでいた ・教会や集会など（信仰者が集まる場所） ・自分にも居場所があることをわからせてくれるホットライン（電話での相談窓口）がある	・ロックスターになりたい ・魚釣りが好き ・DVDで古い映画を観ることが好き ・コーヒーショップで時間を費やすのが好き ・姪ともっと一緒に過ごしたい ・近いうちに自分の車を持ちたい

❷ ストレングス視点に基づいたアセスメント実施時の姿勢

支援者が自分自身についてよく知っていること

　ストレングスアセスメントを実施するためには、支援者が自分自身について知っていることが重要です。人は、もがいたり、苦痛を経験したり、とても克服できそうにない困難に打ち勝ったりした時、自分自身について深く学ぶことができます。人は人生の経験から多くのことを学びますが、とりわけ長い時間悩み続けたものからは多くのことを学ぶことになります。人がそこからどのように脱出したかを知る時、多くのストレングス（の素）を見出すことができるのです。

　ストレングスアセスメント票（71頁）の7つの領域を順番に埋めていくのではなく、先に示した4つの側面を描くためには、利用者が話し始めたところ、関心のあるところから進めていくのが大切です。以下、利用者と対話しながら、アセスメントを進めていく際の参考を示しました。

・**人生や世の中について知っていること**
　人は絶えず学習しています ― 経験から、書物から、文化やその他のものから、家族から、そして自分自身でも学習します。調理法を知り、コンピューターの使い方を理解し、スポーツの雑学的な事柄に精通したり、子どもたちの世話の仕方を知ったり、家庭菜園の仕方を学んだり、上級の数学を理解したりするかもしれません。人の知識はあらゆる領域に影響する可能性があります ― それらについて支援者は利用者に尋ね、利用者が知っていることから学ぶ姿勢を持ちましょう。

・**才能**
　人は、技術や才能によって利用者自身や支援者を驚かせる可能性があります（かつて持っていたけれど忘れてしまっていた技術や才能があります）。楽器を演奏すること、曲芸のジャグリング、詩を暗唱すること、クロスワードパズルを解くこと、走ること、重量挙げをすること、パンを焼くこと、マッサージをすること、コインを集めること、外国語を習得すること、誰かを助けること ― このなかのどのテーマを使って利用者に話しかけても、話題を広げることができ、

利用者を全人的に理解することができるようになります。

・**文化的、精神的そして民族的な経験**

　支援者(相談支援専門員)にしばしば見落とされるストレングスがあります。それは、地域の祭事や伝統的文化、信仰している教会など(信仰者が集まる場所)、自然療法家の役割、大家族の役割、信頼できる地域社会の重要性などであり、これらは人間が自己を超越して持っている文化性、宗教性や精神性に関係しています。すべての伝統文化には(病を)治癒し(体を)回復させる何らかの効果があります。ストレングスアセスメントの際には、支援者は、これらを重視することを意識しましょう。

・**個人的な性質**

　利用者の持っているユーモアのセンス、優しさ、精神的に追い詰められた時の強さ、信頼感、親切心 ─ これらの性質は個性的な資質であり、障害や病いで失っても取り戻せる資質であることを忘れてはいけません。

・**地域社会のなかの資源**

　地域社会のなかで利用できる資源を探すことはとても大事です。地域の人々がすでに利用しているものや、地域社会に新たに加わる利用者のために既にそこに用意されているものをうまく活用しましょう。地域社会に参加する利用者たちをその地域に精通したエキスパートにさせることも大事です。利用者が、まだ私たち支援者が気づいていない地域の資源について知っているということが度々あるからです。もし新しい生き方の再発見の最終目標が保健・福祉サービスに頼らず生活していけるところまで支援することであるなら、まず保健・福祉サービスに頼っている状態からスタートし、その地域社会のなかで利用者が置かれている立場や活動の場を利用するべきです。

❸ ストレングス視点に基づいたアセスメントの特徴

ストレングスアセスメントは、サービス利用者と支援者(相談支援専門員)が、利

用者が持っている個人的および環境的な資源について、現時点だけでなく過去に積み重ねてきたあるいは使用していた資源も含めて、気づくようになるのを助けるようにデザインされたツールです。

　ストレングスアセスメントは、「私たちはこれからストレングスアセスメントを行います」というような直接的な表現で始めるよりむしろ、その人にとって意味深く何が重要なのかといった文脈のなかで取り入れられるべきです。もしもある人が、仕事について考えたり、アパートを借りようとしたり、地域社会のなかでやりたいことを探したり、一緒に行動してくれる人々に出会いたいと思っていたりしたなら、それをもとにストレングスアセスメントを始めることは自然な流れです。具体的には、「あなたが自分の目標を明確にしたいと思われるなら、このストレングスアセスメント票で、あなたの目標やそれを達成するために考えられる取り組みについてよりよく理解することができるものを一緒に考えてみましょう」というようなアプローチです。

　たとえ利用者が人生で何をしたいのか分からないような状況でも、ストレングスアセスメントを導入することは可能です。具体的には、「あなたが現時点で何が必要なのかはっきりしないのでしたら、このストレングスアセスメント票で、あなたにとって何が意味があって大切なのかを理解させてくれるものを一緒に探してみませんか。そうすれば私もあなたのことをもっと理解できるし、これからどのように助け合っていけるかのヒントが得られるかもしれません」というアプローチになります。

　ストレングスアセスメントの中央の欄は「私にとって必要なものは何か」と尋ねています。これは私たちが利用者と一緒に行う作業の最も核心となる部分です。そしてこの夢や願望を持つことが利用者の新しい生き方の再発見に向かって動き出すために決定的に重要なのです。中央の欄では、新しい生き方の再発見という観点から利用者にとって最も有意義で重要なことが出てきます。最終的には、このツールの最後に、利用者が目標に向かう行動を始めることを可能にする優先順位のリストが具体化されます。

　ストレングスアセスメント票をすぐに全部埋めることはできません。なぜならば相手の信頼を得てパートナーシップ（利用者も支援者も対等な関係）を築くための関わりはかなりの時間を費やさなければならないからです。利用者との多様な話し合いの経過のなかで、ストレングスが明らかになり、焦点化され、ストレングスアセス

メント票が埋められていきます。最初のアセスメント票では詳細な情報が不足しているかもしれませんが、時間をかけて関わりが増えていくことによって、具体的で完全なストレングスアセスメント票になっていきます。

　確かなことは、ストレングスアセスメント票は、その人のペースに合わせて、よどみなく自然な会話に基盤を置いて作成されるものでなければならないということです。その目的は、利用者にとって重要で意味のある情報を得ることですし、単に支援者が知りたがっている情報を得ることではありません。ストレングスアセスメント票を利用者との関わり合いの過程で導入し、その過程を通じて継続的に情報が更新され能動的で生き生きとしたツールとして用いないで、1回だけの関わりで無理やり記入すると、多くの葛藤や失敗が生まれることになります。

　ストレングスアセスメントの目指すところは、利用者の新しい生き方の再発見のために使える資質、才能、技能、資源、願望を見出し、明らかにすることです。欠けているものや否定的な発言を集めたものを見ようとするものではありません。このような情報には、通常、利用者への支援を成功に導くものは何も含まれていません。このことは、利用者がこれから経験する問題、困難、試練を無視することを意味するものではありません。巧みに用いれば、ストレングスアセスメント票は利用者が人生において困難、試練、障壁に打ち勝つための有効なツールとなります。よい支援者になり得る人は、利用者に対して好奇心があって創造的な人です。そのような人は常に学んでいますし、自分が支援する相手のことをもっと知ろうという姿勢を持っています。

★ ストレングスアセスメント票の重要な構成要素

【内容】
- 利用者にとって有意義で重要な文脈のなかで書かれている
- 利用者に希望を生じさせる
- 記述が綿密で、詳細で、具体的である
- 利用者の視点や言葉で書かれている

【過程】
- 利用者のペースで展開される
- 支援者と利用者との対話形式で実施される
- 可能な限り利用者にとって自然な雰囲気のなかで行う
- 継続的な過程であり、定期的にアセスメントの情報は見直し更新される

ストレングスアセスメント票の多様な使い方

ストレングスアセスメント票は次のことをするツールとして使われる

- ☑ 初期の関係づくりの一環として相手をよく知る
- ☑ 支援関係を開始するための流れをつくり出す
- ☑ 利用者が自分の新しい生き方の再発見への道程を心に描き、その道程に通じる
- ☑ 利用者のよい側面を強調する
- ☑ 目標を達成するために利用者個別の方法を開発する
- ☑ 利用者が何かを達成するたびに評価し、ほめる
- ☑ 利用者の人生のなかでは平凡でなにげなく見えるものでも、新しい生き方の再発見に役立つものであれば光を当てる

ストレングスアセスメント票

_____ 様

現在のストレングス 現在持っている私のストレングスは？ (例えば、才能、技術、個人的・環境的資源)	希望と願望 私の人生・生活に必要としているものは？	過去利用した資源－個人的、社会的、環境的な資源 私が今までに利用したことがある資源とその時のストレングスは？
家庭／日常生活		
経済生活		
仕事／教育		
支援的な関係		
健康状態		
余暇／娯楽		
生きがい／大切にしている価値		

第Ⅱ部 第2章 ストレングス視点に基づいたアセスメント

私の優先順位（大事にしている事柄・ものの優先順位）は
1)
2)
3)
4)

私を知るための追加コメントや重要なこと：	
これは私たちが考えた私のストレングスであり、これから目標達成に向けて、新たな項目などを足しながら使っていきます。	私はあなたが目標達成に向けてストレングスアセスメント票を使うことに同意します。私はそのために何が必要なのかを考えます。
本人署名　　　　　　　　　日付	支援者（相談支援専門員）署名　　　日付

4 ストレングス視点に基づいたアセスメント項目の説明

　以下のリストは、各生活項目でアセスメントする領域の例です。これらは、網羅的、機械的に当てはめるのではなく、利用者へのインタビューや尋問のように使用しないことに留意すべきです。ストレングスアセスメントのプロセスはいつも進行中であり、新しい生き方の再発見のために継続することを忘れないようにしましょう。リラックスしながらの会話と面談は、より多くの利用者の可能性と情報を引き出すことができます。結果的には、このような会話の方が適切な情報を得る点で時間の節約になります。

（1）家庭／日常生活

現在のストレングス

- どこに(住所)住んでいますか？　どのくらいそこに住んでいますか？
- あなたは誰と住んでいますか？
- あなたが住んでいる所のよいところは？　あなたが住んでいる所で好きなのは何ですか？（例：閑静な住宅地、食料品店の近く、バス路線の近くなど）
- どのようにしてあなたの所に行けますか？（例：車、バイク、バス、徒歩など）
- あなたはペットや動物を飼っていますか？
- あなたにとってどのようなものが生活にとって必需品となりますか？（例えば、あなたは電話、ケーブルテレビ、食器洗い機、洗濯機／乾燥機などを持っていますか？）注：これは利用者がどのように暮らしたいかを特定するのに役立ちます。
- あなたが自慢できる、または楽しむ特別な思い入れはありますか？（例：絵画や物の収集、刺繍、水槽など）
- どのような人があなたの所にやってきて楽しいですか？　家事などの日常生活をしてくれる人はいますか？（例：料理、掃除といった家事、食料品の買い物など）

希望と願望

- あなたが住んでいる所は好きですか？　他にどこに住んでみたいと思いますか？
- 一人暮らしが好きですか？　誰かと一緒がいいですか？
- あなたの生活を大きく変更したいとすれば、それは何でしょうか？

・あなたの理想的な生活はどのようなものでしょうか？（例：農場での生活、家を買う、など）
・あなたの生活をより便利にしたいと思うことはありますか？（例：掃除機の購入、子どものための保育園、ショッピングセンターにより多く行くなど）
・生活のなかであなたにとって最も重要なことは何ですか？（例：安全であること、近くに友人がいること、会社に近いこと、ペットを持つこと、など）

過去利用した資源
・昔住んでいた（それぞれをリストとして提示）所はありますか？　誰と昔住んでいましたか？　どのくらいの期間住んでいましたか？　住居のタイプ（マンション、グループホーム、住宅、介護施設）と場所はどんな所ですか？
・あなたは過去の生活のなかで、一番の思い出は何ですか？
・あなたの生活のなかでお気に入りは何でしたか？　それはなぜですか？
・あなたは、過去の生活のなかで持っていたので、もう一度持ちたい（得たい）ものは何ですか？

(2)経済生活

現在のストレングス

収入（種類と量） □年金 □仕事による収入 □家族／友人からの借金／手当	プログラム支援 □生活保護
保険 □健康保険 □保険会社	資金管理 □あなたは預金がありますか？ □どのようにあなたのお金を管理していますか？ □どのようにあなたはお金を使いますか？ □あなたは毎週の生活費でゆとりがありますか？どのくらい？

希望と願望
・家計に関して何が変化して欲しいですか？　それはどのようにですか？
・家計に関することであなたにとって重要なことはなんですか？（例：毎週外食に出かけるための十分なお金が欲しい。レンタルの映画が借りられるようになりたい。貯蓄のための口座が持ちたい。など）

- あなたが得られるはずの利益(株や不動産収入など)があるのに得られていない利益がありますか？

過去利用した資源

- あなたが過去に得たことがある収入はどんなものですか。どこから得ていたのですか？（例：あなたは過去に働いた経験はありますか？ その当時はいくらで働いていましたか？）
- あなたには、現在使っていないが過去には使っていた資源がありますか？（例：手形の受取人だった。財務管理の授業を受けた。大学で会計学を専攻していた。貯蓄口座／当座預金口座を持っていた。など）

(3)仕事／教育

現在のストレングス

- あなたは生産活動に関することを何かしていますか？ 種類、場所、そしてその時間を教えてください（例：近隣の短期大学には学期ごとに芸術の公開講座があるので、それに参加している）。
- この領域に含まれる可能性のある活動：就労、ボランティア活動、学校、パートタイムの仕事、人助け、パソコンプログラミングの仕事、就職活動、職業訓練サービスや職業訓練プログラムへの関与、親業、病気や高齢である友人や親戚の世話をすること、など。
- 最高水準の教育（例：大学入学資格、学士号、修士号、博士号など）
- あなたは現在のやっている仕事や活動のどんなところが好きですか？
- あなたが何か現在行っていることについて、あなたにとって重要なのはどんなことですか？（例：「十分なお金が欲しい」、「人助け」、「いろんな人が側にいる状態」、「何かを任されていること」など）
- 特に、もし障害がある人がこの領域で何もしていない状況をみた時に、その人たちは、何に興味があって、どんな技術を持っていて、どんな活動に関係する可能性があると思いますか？（例：「私はとても機械に強いので、障害のある人に教えられる」、「私は子どもと遊ぶのが楽しいので、障害のある子どもたちと関われる」、「芸術が私の情熱の源なので、芸術を障害のある人に教えたい」など）

希望と願望

- あなたは仕事について何か意欲を持っていますか？（例：「学校に行く」、「ボランティアをする」、「十分なお金を稼ぐ」）
- もしそうなら、具体的には何をやっているのでしょうか？ 何をやって楽しむのでしょうか？ あなたが経験したことで何がありますか？（例：「私は他の人を助けるようなことをしたい」、「私は外で、自分で仕事をしたい」、「私は看護の学位を取得したい」）
- あなたは何の職業がしたいのか、あなたが望んでいることでできることがあるとしたら、それは何でしょうか？ それはあなたの興味に関係することですか、それは何ですか？
- あなたがいくつかの活動を行っている場合、現在、何をしているときが一番満足しているのでしょうか？ あなたはどのように変わりたいのでしょうか？ あなたには他にやりたい活動はあるのでしょうか？

過去利用した資源

- 過去、あなたはどのような種類（仕事、学校、ボランティア活動、研修など）の活動を行っていましたか？ どのくらい？ いつ？ どこで？ そのうちあなたは何が好きですか？ 逆に好きではなかったことは何ですか？
- あなたは、過去どのような就労支援のサービスを受けていましたか？
- あなたはやる気が生じるプログラムに参加したことがありますか？
- どのような種類の活動が、あなたにとって最も楽しいことですか？

（4）支援的な関係

現在のストレングス

- あなたは誰と一緒に暮らしていますか？ あなたは友達がいますか？ あなたは親しい人がいますか？ あなたの周りにいる人で、気分がよくなる人はいますか？
- どのような組織、サークル、グループに参加していますか？（例：教会などの活動、当事者団体の活動、ソフトボールチーム、近所のグループなど）
- あなたの家に訪ねてくる人がいますか？ その時、あなたは一緒にどのようなことをしていますか？

- あなたはペットを飼っていますか？
- 家族の訪問はありますか？　家族の訪問は楽しいですか？　家族に訪問されるとストレスはありますか？　あなたを支援してくれる人はいますか？
- あなたは他の人と一緒にいるのが好きですか、それともいやですか？
- あなたは好きなことを1人ですることについて、どのように思いますか？　あなたが1人でいる時に、どんなことをしますか？　あなたが1人と感じたときに何をしていますか？
- 家の外であなたが最も安心できると感じられるのは、どのような場所ですか？

支援的な関係の例

□家族	□友人	□支援団体
□学校	□同僚	□当事者団体
□ペット	□宗教関係者	□重要なその他のもの
□知人		
□保健医療福祉関係者		

希望と願望

- あなたは、生活のなかで変えたいと思うことはありますか？
- あなたが、生活上でより多くのサポートを受けたいと思うことはありますか？（例：精神面での領域、家族とのよりよい関係の領域、多くの友だち、誰と旅行に行くか、など）
- あなたが現在属していない、組織、サークルなどで希望するものはありますか？（例：教会、ロータリークラブ、読書会、趣味サークルなど）

過去利用した資源

- あなたは過去にサポートを受けていたことはありますか？　あなたの生活のなかに影響を与えている重要な人々（例えば、友人、家族）はいましたか？　それは誰ですか？
- あなたは、ぶらぶら時を過ごしていたところはありましたか？　誰と、どこで過ごしていましたか？
- あなたは、過去にどのサークル、クラブ、組織に属していましたか？　それは何でしたか？　あなたはそれを楽しむことができましたか？　あなたはそれについてどのように楽しんでいましたか？

(5)健康状態

現在のストレングス

精神面	身体面
□主治医の現在の見立て □薬の服用 □あなたは病気の症状がありますか？ それはどのようなものですか？ あなたの症状に対処・管理するためにあなたは何をしていますか？ □それは、あなたにとってストレスですか？ あなたはそのストレスをどのように管理していますか？	□主治医の現在の見立て □身体の健康の記述 □食事と食習慣 □あなたは運動しますか？ どんな運動をしますか？ □薬局と薬剤師 □健康食品、薬草などの使用 □避妊 □喫煙習慣

希望と願望

- 身体的または精神的健康に関連して取り組んでいることはありますか？（例：体重減、症状の管理、喫煙量を減らす、あまりアルコールを飲まない、など）
- あなたにとって健康面で重要なことは何ですか？ あなたの健康で改善、変更したいことはありますか？

過去利用した資源

- 現在の状況に記載されている健康状態に関して、過去に利用した資源はありますか。
- あなたは入院したことがありますか？
- あなたの最後の入院はいつでしたか？ どのくらいの頻度で、入院しますか？ あなたは入院前にどうなりますか？ 入院は通常、あなたの意思による自発的またはあなたの意思ではなく非自発的ですか？
- 過去に利用した資源のうち（病院、運動療法、薬物療法、食事療法、症状管理技術など）何が特に役立ちましたか？

(6)余暇／娯楽

現在のストレングス

- あなたはどんな楽しみがありますか？
- あなたの趣味は何ですか？
- あなた自身がとてもリラックスできることは何ですか？

余暇／娯楽の例

スポーツ活動	屋外・自然活動	社会的な追求
□バスケットボール、サッカー、ソフトボール、テニス、水泳、野球、ジョギング、スキー、スノーボード	□ハイキング、釣り、カヌー、ピクニック、昆虫採集、山菜取り、ドライブ、山登り、キャンプ	□仲間とバーベキュー、友だちとショッピング、囲碁・将棋クラブに通う、アイドルのファンクラブに参加、飲み会に参加、地元の祭りに参加、自治会のイベントに参加
個々の娯楽	知的な追求	芸術／文化
□ラジオを聴く、テレビを観る、音楽を聴く、パチンコ、競馬、漫画を読む、食べ歩き、カフェ巡り、ゲームをする	□読書、資格を取るため勉強する、カルチャースクールに通う、手話教室に通う、図書館に行く、情報番組を観る、ネット検索をする	□楽器、絵画、手芸品、陶芸、美術館・博物館に行く、アートクラスをする、好きなアーティストのコンサートへ行く、映画を観に行く、四季折々の写真を撮る
瞑想的な取り組み	その他	その他
□祈り、ヨガ、聖書の勉強、座禅、瞑想、写経	□旅行、バスでの日帰り旅行、休暇、温泉地に行く、パワースポット巡り、神社仏閣のお参り	□ショッピング、料理、パン作り、編み物、家庭菜園、子育て、息子とキャッチボール

・あなたは週末などの休日はどのように過ごしますか？ その場合、あなたは何をしますか？
・あなたはテレビを持っていますか？ お気に入りのテレビ番組は何ですか？ あなたは映画が好きですか？ どのような映画が好きですか？ 好きな俳優は誰ですか？
・あなたは読書が好きですか？ あなたの好きな作家は誰ですか？ あなたは図書館に行きますか？
・あなたは料理が好きですか？ あなたの好きな食事は何ですか？ あなたは食べ歩きが好きですか？
・あなたの趣味は何ですか？ 得意な趣味を持っていますか？
・あなたは1日好きなことができるとすれば、あなたは何をしますか？
・あなたはどんな時が退屈ですか？ あなたは退屈した時に何をしますか？

希望と願望

・あなたは、どのような楽しみがありますか、現在は何かしていますか？
・あなたは楽しみとしてやってみたいものを試したことがありますか？ あなた

は一度も試したかったことはなかったですか？
- （支援者は）現在の状況に記載されている余暇／娯楽のリストのなかでさらに探ってみます。

過去利用した資源
- （支援者は）現在の状況に記載されている活動について過去の状況と関心を探ってみます。その時、どこで活動をしましたか？　誰と活動しましたか？
- あなたは以前、どのような活動を楽しんだのですか？　あなたが最も楽しんだ活動は何でしたか？

(7)生きがい／大切にしている価値

　生きがい（大切にしている価値）は、利用者にとっての希望の感覚、喜び、意味づけ、人生の目的、生きる意欲を生み出す信念や慣行などを指します。

　ある人にとって、これは特定の宗教に関係していることもありますが、他の人にとっては、それを具体的に定義することができないことも多々あります。人の生きる意欲に寄与する、より高い力と関係があるかもしれません。

生きがい／大切にしている価値の例

・瞑想	・音楽	・自然
・芸術	・地域サービス	・同じ心情の人との関わり
・心理セミナー	・特定の宗教	・政治的正義
・寺院・教会	・儀式	・利他的な行動（ボランティア活動）
・代々伝わる家業	・父親として	・大黒柱として

生きがい／大切にしている価値について話す場合のアプローチ
- あなたの生活のなかで心地良さ、意義深さ、目的意識などを、もたらすものはありますか？
- 困難な時にあなたにストレングスを与えるものは何ですか？
- あなたは何か信じている大切なものはありますか？
- あなたは何か信仰している宗教がありますか？

　この項目は、社会的な支援などの他の生活の領域で考えることもできます。多くの場合、生きがいは社会的文脈における他者との関係でとらえることができます。

ストレングスアセスメント票

【●】本人の言葉 　　【○】家族などの言葉 　　【・】事実や行動（社会資源など）

鈴木 和代（スズキ カズヨ）（仮名）さん（30歳）

現在のストレングス 現在持っている私のストレングスは？ （例えば、才能、技術、個人的・環境的資源）	希望と願望 私の人生・生活に必要としているものは？	過去利用した資源－個人的、社会的、環境的な資源 私が今までに利用したことがある資源とその時のストレングスは？
家庭／日常生活		
・現在　きょうだいと同居 ・自分の部屋はある ・近くに大型スーパーがある ●「私は自分自身で、トイレ以外はほとんどすべてを行うことができるよ」	●「私は○○市で駅の近くの自分のアパートが欲しいよ」	・東京で生まれ家族と暮らしていた ・都内の特別支援学校へ通うが、家族の事情により小学4年生で東京から○○県へ引越すことになり、本人だけは特別支援学校の寮で生活していた ・卒業後、○○県の授産施設に入所 ●「25歳まで、○○市内の授産施設に入所して暮らしていたよ」 ○「母親に施設にいることがあなたの幸せになるのよ」と言われ育った
経済生活		
・現在、障害基礎年金を2か月に一度、約13万円受け取っている ・○○市特別障害者手当として毎月26,620円の支給を受けている	●「私は自分のお金を自分で決めて使えるようになりたいよ」 ●「大金はきょうだいに任せたいよ」	・施設の利用料は自分の通帳から支払うことができていた
仕事／教育		
・水曜午後にデイサービスにて縫い物を行っている ○「今まで通りの、安全で安心した生活をして欲しい」	●「遠くまでは歩けないので、電動車いすで1人で外出の練習をしたいよ」 ●「ボランティアと外出してもいいよ」	●「施設で箱折りをしていたよ」
支援的な関係		
○「人と話すことが苦手、デイサービスの他利用者と接することも苦手だが、慣れると大丈夫」 ・友だち（デイサービス利用者）と時々電話で話している	●「1日中家で1人でいるような生活はいや。活動できる場に出て友人づくりや創作活動などを行いたい」	・きょうだいは、大腿骨の骨折をして人工骨頭を入れたので、授産施設を退所になった和代さんと同居してくれた ●「私はいつも死んだ母ときょうだいとは仲がよかったよ」

健康状態		
・太りすぎると歩行や動作時に負担がかかるため、家族やデイサービスで食事量に気を遣っている ●「いろいろなことをすると私は健康になる感じがしています」	●「太りすぎないように注意しているよ」	・大腿部の骨折は完治し、人工骨頭は入っているものの生活に支障はない
余暇／娯楽		
・音楽を楽しめる(中島みゆき) ・ラジオを聞ける(中島みゆき) ・おしゃれ ・電話で話せる	●「おしゃれをしたいけど、よくわからないよ」 ●「やったことはないけど、簡単な料理を誰かとやってみたいよ」	○「母が生きている頃は、外出して買物をすることはよくありました」(例えば映画、近所のお祭り、運動会など)
生きがい／大切にしている価値		
・きょうだいと一緒に休暇を過ごせる ●「亡くなった母の墓参りをすることは、私にとってとても大切」 ●「母とお祈りをした○○会の教えは大事です」 ・きょうだいが定期的にお祈りに連れて行っている	●「私は母から譲り受けた仏像が大事です」	・母と熱心にお祈りに行っていた。その頃の母を通じた友人も多い

私の優先順位(大事にしている事柄・ものの優先順位)は
1)私は自分のアパートで暮らしたい。
2)私はもっと多くの友人を持ちたい。
3)おしゃれをしたい。
4)きょうだいと過ごす時間が欲しい。

私を知るための追加コメントや重要なこと：	
私はひっこみじあんで、なかなか言葉が出にくいけど、時間をかけてくれれば話せます。ゆっくり進みたいです。	
これは私たちが考えた私のストレングスであり、これから目標達成に向けて、新たな項目などを足しながら使っていきます。 _____ 本人署名　　　　　　　　　日付	私はあなたが目標達成に向けてストレングスアセスメントを使うことに同意します。私はそのために何が必要なのかを考えます。 _____ 支援者（相談支援専門員）署名　　日付

ストレングスアセスメント票の質的評価にあたってのチェックリスト

サービス利用者の氏名＿＿＿＿＿＿＿＿＿＿＿＿＿＿＿　　日付チェック＿＿＿＿＿＿＿＿

支援者名＿＿＿＿＿＿＿＿＿＿＿＿＿＿＿＿＿＿＿＿

確認者名＿＿＿＿＿＿＿＿＿＿＿＿＿＿＿＿＿＿＿＿

①ストレングスアセスメントは、利用者にとって重要で意味のある本質を捉えていますか。　　はい　多少　いいえ

②最近の90日間に更新されたストレングスアセスメントの根拠はありますか（これはアセスメント票に記載されたか、あるいは経過記録に反映することができましたか）。　　はい　いいえ

③利用者の欲求や願望の詳細と特徴が抽出されていますか（アセスメント票の中央の列を評価します）。　　はい　多少　いいえ

④利用者の欲求や願望を優先し、利用者自身の言葉（意味不明の専門用語ではなく）で書かれていますか。　　はい　多少　いいえ

⑤利用者の能力や技能の詳細と特徴が程度で示されていますか。　　はい　多少　いいえ

⑥環境のストレングスの詳細と特徴が程度で示されていますか。　　はい　多少　いいえ

⑦アセスメントにおける利用者の関与が明確に示されていますか（利用者自身の言葉で書かれた、個人的なコメント、情報、発言がありますか）。　　はい　多少　いいえ

⑧ストレングスアセスメントで提供される情報が、最も利用しやすい形ですか（ストレングスそのものを記すだけではなく、目標に達するために潜在的にあるストレングスについても短い記述がありますか）。　　はい　多少　いいえ

⑨言葉やコメントにある欠点の記述はストレングスアセスメント票には記さないように配慮していますか。　　はい　多少　いいえ

注釈

ストレングスの評価についてのよくある質問

1.「ストレングスアセスメントの時に必要な事項を話したくないといった場合はどのようにして進めますか？」

　常に第5原則（ワーカーとクライエントの関係性が根本であり、本質である）を思い出すこと ― 関係（アセスメント票の作成が目的ではありません）は、最も重要です。支援者（相談支援専門員）は、利用者が好きか嫌いかとは別に、利用者を力づける平板な文書としてではなく、利用者との関係の文脈や流れのなかでストレングスアセスメント票を使用するべきです。利用者が、このようなアセスメント票に記され、自分に関する情報を持つことに抵抗感がある場合には、利用者の決定を尊重します。あなたは、忘れないために、利用者のストレングスを追求する方法として、あなたが自分でストレングスアセスメント票を記入することができます。

　サービス調整会議ごとに新しいやり方でストレングスアセスメント票を取り入れてください。これは典型的な「ケア計画」の様式ではなく、むしろ、能力、ストレングスを達成したいという夢を求める方法です。ストレングスアセスメント票は、典型的な欠点、専門的な知見から導かれる様式ではなく、むしろ、利用者の個性を褒め称えることであると理解する時、利用者はたいていストレングスアセスメント票作成に協力してみたくなるでしょう。

2.「もし、犯罪行為、自殺企図、またはアルコール・薬物依存の経歴があるが、利用者がそれをアセスメント票に残したくない場合はどうなりますか？　あなたはアセスメント票の他にそれを書き残しますか？」

　この質問への短い答えは、「はい」です。ストレングスアセスメントは、利用者によって指示された文書です。多くの利用者は、過去の犯罪行為や依存症のような事柄をストレングス（例えば、どのくらいのプロセスを通じて、何を学んだのか）として、あるいは、目標（例えば、もっと真剣に私の12ステップのプログラム（アルコール依存症の回復プログラムで用いられている12ステップ）をとりたいとか）として、見方を変えることができるかもしれません。しかしながら、もし利用者がアセスメント票に書かれたくないと思う場合は、その選択は尊重されなければなりません。利用者との信頼関係が形成された時に、これらの情報は、将来、出てくることになるかもしれません。

　ストレングスアセスメントは、専門機関（相談支援事業所）が埋めただけのアセスメント票ではないことを忘れないでください。行政に対する補助金の請求、法的、その他のリスクアセスメントの手続きのためのほとんどのプログラムは、インテークの最初の2、3週間で心理社会的な生活歴の完成（注：カンザス州の制度）が求められます。これらの文書は、支援者（相談支援専門員）が知る必要があるリスクアセスメントに関わる過去の行動に関連する重要な情報を含めることができます。しかし、そういった文書では、利用者の新しい生き方の再発見を促進する希望と未来に焦点を当てることを奨励することはできません。いくつかの機関（注：カンザス州の行政機関、日本の福祉事務所に近い）では、支援者（相談支援専門員）よりは別のインテーク担当ワー

カーがインテークの段階で心理社会的アセスメントを実施します。

インテーク担当ワーカー（福祉事務所担当ワーカー）と支援者（相談支援専門員）との分業は、ストレングスに焦点を当てたケアマネジメントを行う支援者（相談支援専門員）と初期の協力関係を維持するのに役立ちます。

3.「現在進行中のケアマネジメントにおけるストレングスアセスメント票はどのように更新させたらよいのでしょうか。そして、ケアマネジメント全体を見わたしてつくられた支援計画と利用者の現状を表しているストレングスアセスメント票はどのように連動させたらよいのでしょうか？」

ストレングスアセスメントは「作業中の文書」であることを忘れてはなりません。これは、絶えず更新されることを意味します。支援者（相談支援専門員）が、利用者に会う時、支援者は常に利用可能な最新のストレングスアセスメント票の写しを持っている必要があります。新しい情報がいつでも共有することができますし、利用者のいる所ですぐ情報を追加できることが重要です。すぐに記録されない情報は、すぐに忘れ去られます。ほとんどすべての情報の追加は、地域社会で起こっているので（第6原則、私たちの仕事の主要な場所は地域である）、支援者は常にストレングスアセスメント票の写しを持っている必要があります。さらに、利用者も最新の写しを持っている必要があり、その他の職員（例えば、職業カウンセラー）が参照するケアマネジメント全体の支援計画における最新の写しが必要です。ストレングスアセスメント票は机の上の書類ではなく、利用者の新しい生き方の再発見と成長を促進するための中心的なツールであることを忘れないでください。それは個別情報中心の普通のアセスメント票のような他の忘れやすい様式と一緒に全体の支援計画のなかに埋没させてはいけないのです！

4.「利用者が、あなたに妄想（例えば、「あなたの収入は？」という質問に「私は秘密警察から年百万ドルを受け取っている」など）に関係する情報を話した場合、私はそれを書き留めていいのですか？」

短い答えは、あなたの推測通り、再び「はい」です。ストレングスアセスメント票に何かを書くことは、私たちが完全にそれに同意することを意味するものではありません。ストレングスアセスメント票は、利用者自身の考えや信念についての記録であり、私たちの妥当な意見や利用者の意見の"真実"についての記録ではないのです。私たちが、この情報を書き留めないとしたら（あるいは、さらに悪いことに利用者が私たちの言っていることは嘘であると利用者に対して確信したら）、私たちは支援関係の基礎である信頼を壊す危険性があります。

私たちがやるべきことは、自分について利用者の認識下にあるものを見つけることです。例えば、もし誰かが、「私はニューヨークにいる私のボーイフレンドとテレパシーによって関係を持っている」と言ったら、「あなたはその関係について、どのくらい楽しんでいますか？　難しいところは何ですか？」と私たちは探ってみることができます。よい臨床的な技能と純粋な関心を持って、この探求は、有害な妄想の強化ではなく、むしろ、利用者の新しい生き方の再発見に踏み出すのに必要な信頼と安全の基盤となるのです。

第3章

関係づくり：利用者との信頼関係をつくる

▶ 前提となるストレングス視点

利用者と支援者（相談支援専門員）との関係は、最も重要で本質的である。
- 利用者と支援者との関係は、ケースワーク、カウンセリング、治療のすべてのアプローチにおいて要である。
- 支援者が誠実に利用者の新しい生き方の再発見に精力を注ぎ、関係が信頼、互恵的および相互の責任のある約束に基づく場合、関係はよくなっていく。
- 支援者は、利用者が新しい生き方の再発見の旅路に役立つ自分自身の力を理解することを助けるために関係の力を使う。

▶ この章の目的

この章を通して、支援者は新しい生き方の再発見を促進したい利用者との関係に向けた信頼関係の構築、希望の支援についての基本を理解する。
利用者との関係性をつくれなければ利用者のストレングスを見つけることができない。利用者のよい所を見つけることができなければストレングスモデルも使えない。ストレングスモデルにおける利用者の夢や希望を分かち合うためには支援者と利用者のお互いの協力と強い絆が必要である。強い信頼関係は利用者との会話を生み出すことにつながる。

- 支援者は支援関係を形成する重要な条件について深める。
- 支援者は、（行動を引き起こす希望と、行動を壊す精神状態を持つ）利用者の生活・人生で自分の行動がどのように新しい生き方の再発見を促進するか妨害するかについて深く考える。
- 支援者は強い関係づくりに共通する障壁や障害物について見極める。
- 支援者は3つの実践例を使用して、強い関係づくりに共通する障壁を克服する方法を見定める。

支援者が自分の「支援してもらった」経験を思い出すことは、「支援する側」になって利用者を支援するときに有益である。こういった経験を意識できないと本来目指すべき支援者の役割と逆の方向に向かってしまう。支援者が「支援」としてとるすべての行動は、利用者との信頼関係を築くことにつながることを意識しておく必要がある。

「私を助けるためにここに来ている場合は、去ってください。しかし、あなたを解放するものが私の解放に結びついて来ている場合は、ともに働きましょう」

—— リラ・ワトソン、オーストラリア原住民の活動家

１ 支援的な関係の重要な要素

　ストレングスモデルでは、支援者と利用者との関係は最も重要で不可欠な条件です。それには、私たち支援者が利用者との関係づくりを継続的に切れ目なく評価していくことが重要になります。
　私たちは、障害のある人に仕えるのではなく利用者の新しい生き方の再発見の旅路に貢献するために利用者との関係づくりが必要です。

　効果的な支援の関係づくりは次のようになります。

1）目的に向かって進むこと

　関係づくりは、利用者が新しい生き方の再発見を支援することに目標を向け、利用者の生き方を再生し、変えることができます。
　利用者と支援者は、一緒にすべきことを明らかにし、お互いの出会いの基盤を与える共通の話し合い事項（アジェンダ）を共有します。また、この逆に受身的で問題（危機）に向かう関係づくりもあります。

2）相互に利益を得ること

　支援者の役割は、新しい生き方の発見の旅において旅行代理店の役割よりも、むしろ、利用者と一緒にその旅行を楽しむ仲間に似ています。利用者と支援者とは、お互いから学び、支援者は利用者と一緒に過ごす時間を楽しむべきです。この反対は、一方的または上下関係的になります。

3）誠実な関係づくり

　支援者は、支援的な関係に誠実で責任のある感覚を利用者に伝える必要があります。支援者は、給与をもらっている専門家であることを超えて、利用者の新しい生き方の再発見の旅路に誠実に精力を注いでいることを利用者に感じさせるべきです。この反対は利用者に誠意を感じさせない、寒々とした関係になります。

4）信頼のある関係づくり

関係づくりは相互の信頼と相互の尊敬に基づくべきです。支援者は、利用者の言葉、行動や身体の姿勢に一貫性を示すことによって信頼のある関係づくりを利用者に示すことができます。支援者は、利用者の希望、不安や夢を共有することが快適に感じる環境づくりに努めます。支援者は断定することをやめて、その代わり、理解と意味づけを探し求めます。この反対は不信感あるいは信頼感の不足の関係になります。

5）エンパワメントを促す関係づくり

エンパワメントの関係は、利用者が自分自身を支援のプロセスの管理者と見なすものです。支援者は、次のような分野で、利用者自身の力を働かせることを支える意識的な努力をします。利用者のアイデンティティ（自分らしさ）を確立すること、自分自身で決定を下すこと、失敗する権利を行使すること、情報および資源にアクセスすること、自分の生活および地域社会のなかで適合的に変化することのできる能力を得ることなどが挙げられます。この反対は、ディスパワメントであり、無力感を教え込み、強化する関係づくりになります。

❷ ストレングスモデルにおける強い信頼関係づくり（エンゲージメント）のために必要な態度

- 利用者と支援者とのスケジュールを調整する会合は、時間と（地域のなかで選べる）場所でともに一致したところで行う。ほとんどの場合、少なくとも1週当たり1回会うべきである。
- 支援者と利用者は、お互いの背景を知ってもらうために、インフォーマルな活動（例えば、コーヒーを一緒に飲んだり、バスケットボールかごにシュートしたり、ウォーキングを一緒にする、などの場）に関わる必要がある。
- 支援者は、利用者と共通している興味や経験を模索し、会話の流れのなかで利用者と強い関係をつくる。
- 支援者は言語、非言語の両方で、アセスメント票のコメントを補強し、共感性を用いる。

- 支援者は、利用者の新しい生き方の再発見の潜在性、ケアマネジメントの目的と相互の期待（利用者の強い依存関係が徐々に薄くなっていくことに焦点を当てるような方向で、支援者の位置を変えることを見つめる）について考える。
- 支援者は、利用者の個人と環境のストレングスを見極めるために、あらゆる機会を利用する。
- 利用者と強く関わることが困難な場合は、支援者は関わり方に関する新しいアイデアをたくさん生み出すために、明確かつ簡潔に状況を提示して、グループ・スーパービジョン（第7章参照）において再検討をする。

以下具体的なアプローチを示します。
- 支援者はお互いをよく知ろうとするために、くつろいだ雰囲気で利用者にとって心地よいことや話をする。
- 支援者は、利用者との会話を楽しむことが重要である。
- 利用者との共通の興味や経験がない場合は、何気ない会話や表情などにも関心を持ち、利用者は何が好きか、どんな趣味なのかについて支援者が興味を持つことが大事である。
- 支援者は利用者と共感すること、利用者を力づけるようなコメントを言葉ではなくても態度でも示していくことが重要である。
- 共感性とは、同情とは異なる。利用者を信じる、利用者のできることがわかるということである。支援者はこれからも支持するし、利用者が失敗したらもう一度やろうということを利用者に示すことである。
- 支援者はどのような新しい生き方の再発見があるか利用者と話し合う。その際、お互いの期待することを話し合っていくことが重要である。
- 支援的な関係のなかで支援者として働くことは、利用者との関係でうまくいかなかったり、もがくことが多い。これは当たり前のことであり、グループ・スーパービジョンのなかで話し合えばよい。
- グループ・スーパービジョンでは利用者に関する説明報告が大事なのではなく、支援者のチームメンバー皆が聞いていることが重要である。そこでは、利用者を支援するための技術や戦略をメンバー全員で共有することができる。

❸ 信頼関係づくりのシナリオ（練習）

信頼関係づくりのシナリオ1：

　あなたは山田直人（ヤマダ　ナオト）さん（仮名）の退院に向けて担当になりました。直人さんは現在、病院にいて2週間後に退院予定です。直人さんには退院後の住むアパートや施設などは用意されていません。あなたは直人さんと話し合いの場面をつくって今後のことを話し合わなければなりません。直人さんに初めて会った時に、直人さんは「この地獄から出たいです」と訴えました。直人さんはあなたからの言葉を待っています。

　ストレングスを基本として希望を話しやすいようにして、そして新しい生き方や生活について話し合えるように直人さんと関わりの方法をリストアップしましょう。

_____
_____
_____
_____
_____
_____
_____
_____
_____
_____
_____
_____
_____
_____
_____

注：3つのよりよいアイデアを考えましょう。最も創造的なものか、希望を引き起こしているものか、利用者の個別的なものかの3つに整理して#1、#2、#3と書いてください。

信頼関係づくりのシナリオ２：

　あなたは、新しく田中亜希子（タナカ　アキコ）さん（仮名）という方の担当をすることになりました。初めて、彼女のアパートを訪問したところ、亜希子さんは興奮し、かつ取り乱したように見えました。亜希子さんは、あなたが訪問してくれたことを非常に喜び、あなたに矢継ぎ早に悩みを打ち明けました。

　「先日、一緒に住んでいた彼氏と別れたの。今まで彼がこのアパートの家賃を払ってくれていたのに。私１人ではとても家賃を支払うことができないわ。それに、以前から隣に住んでいる人が、盗聴器をしかけているの。もう、どうしていいかわからないわ」

　亜希子さんの話では、唯一の支援者である母親も北海道に引っ越していてすぐには会えない状況です。

　また、服薬調整も必要と思われます。

　ストレングスに焦点を当てて、亜希子さんの希望を引き出し、新しい生き方を見出していくための関わり方の方法を書き出しなさい。

　注：３つのよりよいアイデアを考えましょう。最も創造的なものか、希望を引き起こしているものか、利用者の個別的なものかの３つに整理して#1、#2、#3と書いてください。

信頼関係づくりのシナリオ３：

あなたは、松田拓也（マツダ タクヤ）さん（仮名）という方の担当を任されました。

彼は、自宅アパートであなたと会うことに同意しました。訪問すると、彼は煙草を吸いながら四畳半の居間で座布団に座っていました。

彼はうつろな表情をしていて、取り組みたいことを何も考えることができません。

彼は感じはよく見えますが、ほとんど何も言いません。

彼は大部分の問いに一言で答えます。

ストレングスに基盤をおくこと・希望を促進すること・新しい生き方の再発見、の枠組みから、拓也さんと関わる方法のリストを考えなさい。

_____
_____
_____
_____
_____
_____
_____
_____
_____
_____
_____
_____
_____
_____
_____
_____
_____
_____

注：3つのよりよいアイデアを考えましょう。最も創造的なものか、希望を引き起こしているものか、利用者の個別的なものかの3つに整理して#1、#2、#3と書いてください。

4 希望を引き出す行動についてのチェックリスト

1) 希望を築き、敬意を払うこと
☐ 積極的にしっかり耳を傾けること(例:うまくアイコンタクトをとること、利用者が言っていることをフィードバックすること)
☐ 利用者が話したい時に、話せるようにすること
☐ 思いやりと優しさを示すこと
☐ 楽しいことを一緒に行うこと
☐ 「あなたを信じている」「あなたの味方である」と伝えること
☐ 肯定的で、勇気づけるコメントを与えること
☐ 利用者の成功も失敗も受け入れること、そして、もし成功しなかった場合は、その努力を賛えること
☐ 支援の過程すべての面で、利用者の意見と選択を尋ねること
☐ 利用者が言っていること、していることに対して、心からの熱意を示すこと
☐ 利用者と共通する大事なことを分かち合うこと
☐ 必要に応じて個人的な経験を分かち合うこと
☐ 利用者に、あなたが「人間味」のあることを示すこと(例:「私にも上手くいかない時がある」、「間違いをする」など)

2) 敬意をもって接すること
☐ 利用者の選択と望みを(実現化のためにわずかばかり)小さくすることよりも、むしろ選択と望みを受け入れ、それらを達成することによって利用者の決定と望みを与えること
☐ 面会を通して見守っていくこと
☐ 電話にはすぐに対応すること
☐ 時間を守ること
☐ あなた自身が接してもらいたいように利用者に接すること

3) 肯定的な面に焦点を当てること
☐ 上手くいかなかった過去の出来事にとどまるよりは、むしろ肯定的な将来につ

いて話し合うこと
□利用者が上手くできたことやストレングスに焦点を当てること
□上手くできたことを褒めること
□上手くいっていない時は、利用者に過去の成功を思い起こさせること
□利用者に他人の同じような経験を知らせることで、利用者の経験を一般化すること
□「やればできる」という態度を伝えること
□達成したことや成功したことを利用者に指摘すること
□うまくいかないことがあれば、利用者が再び挑戦できることをわかってもらうこと

4）達成したことと成功を賞賛すること
□利用者が上手くやっていることについて特別に褒め称えること
□大きなことでも小さなことでも、達成したこと、成功したことを賞賛すること

5）利用者のためにそばにいること／利用者から離れないこと
□受診の時や裁判所、行政機関に同行して、利用者の不安が軽減できるように支援すること
□利用者が地域の資源を利用できないときは、利用者に関わりのある人を教育することによって利用者の代弁者にすること、地域資源の管理者に利用者を支えることを説得すること
□もし利用者が入院したら、その人を訪ねること
□もし利用者が求めていることを支えるのに困難さを抱えているなら、主治医などの専門家と相談すること
□利用者が、保健福祉サービスを利用していない人、制度やサービスからはずれている人であっても、強い関係づくりを続けていくことができること。あきらめてはいけない

6）利用者にとって重要である目標を目指しての努力を支援すること
□目標づくりを支援すること
□利用者が達成できるステップに分けること、地域の資源を得ることを支援する

こと、小さな歩みを認めることなどによって、利用者の目標達成ができるように支援すること
☐あなたが取り組んでいる目標が、実際に利用者の目標であるかを確かめること
☐目標が達成できると利用者に知らせること
☐利用者の目標に向けて、熱意と喜びを示すこと
☐利用者の自己満足感や自立感を動かすような、目標に働きかけること（例：給与の受取人になること、仕事を持つこと／教育を受けることなど）

7）選択の促進
☐利用者自身の生活の決定と治療の流れの管理をすることを、すべての利用者の権利として認め、支持すること
☐利用者が望むたくさんの選択肢を生み出すこと
☐情報に基づいた決定ができるように、情報と資源を利用者につなげること
☐サービス提供を変えるための能力とサービスの選択を持つこと
☐すべての治療決定とケア会議に、サービスの利用者を含めること

8）教育の促進
☐症状と服薬治療を扱う方法、利用者の新しい生き方の再発見についての教育を提供すること
☐よい関係を築くことと利用者を理解することを助けるために、家族を教育すること

9）現在の保健福祉システムを超えての将来を作り出すこと
☐利用者がずっとサービスを必要とする存在（例えば、サービスを受ける人、ケアマネジメントの対象者）ではないことを話し合うこと
☐あたり前の地域社会のなかで、保健福祉関係者以外の人々と過ごす時間をつくること
☐地域社会の資源の活用と保健福祉関係者ではない人々との関わりで、地域社会の一員としての統合を促進すること

❺ 思いを壊す行動についてのチェックリスト

1) 実行や資源の制限
□ 行政の命令による制限、もしくは行政の命令が延長されることによる制限
□ サービス給付の受取人がいること（後見人など）
□ 入所施設に入所させること（例えば、入所型の障害者支援施設、精神科病院など）
□ 大学に行きたいと言う利用者に、代わりに職業技術訓練校に行くことが決められていることを話すこと
□ 利用者にまだ働く準備ができていないと言うこと
□ サービスを受けている他の利用者との交流はできないと言うこと
□ 利用者自身で服薬の管理が可能であっても、医療スタッフによって服薬の管理をすること
□ 裁判所、行政機関の申し立てで連行されるときに、自由に行動できないように拘束されること

2) 障害者に対しての否定的なスタッフの態度／認識
□ 薬物を飲まない限り、よくならないと言うこと
□ 「あなたはずっと服薬が必要でしょう」と言うこと（そう考えること）
□ 病的な特性として一般化すること（例えば、ごまかしや嘘が多い、従順でないなど）
□ 1人の個性のある人間として見るよりは、むしろ、利用者の病気やそのレッテルに焦点を当てること
□ 利用者の価値を認めないこと
□ 利用者の生活に支援者の基準を強要すること

3) 侵入的な介入
□ 精神科病院や入所型の障害者支援施設において、本人の意思にかかわらず薬剤を注射すること
□ 精神科病院や入所型の障害者支援施設において、本人の意思にかかわらず不定期に尿検査をすること

4)支援者(スタッフ)の失礼な／見下すような関わり

☐ 見下して話すこと(例えば、理解する知的能力がないだろうと決めつけて話すこと)

☐ 子どものように大人を扱うこと(例えば、ビールのCMを利用者が観ている時に、あなたはお酒を飲むことはできない／飲んではいけないと言うこと)

☐ 条件つきで褒めること(例：あなたはすごいね、でも…)

☐ 利用者を無視すること(例：利用者の前で別の利用者について話すこと、利用者がいても話さないで書類作成業務を続けること)

☐ 長時間待たせるなど、利用者の時間を大事にしない、尊重しないこと(例：利用者が面会に来たのに、別の仕事をして対応を遅らせる)

☐ 親のような態度、叱るような言葉(例：私はあなたに言ったでしょう。もし、私の言うことをきかないなら…)

☐ 普段から積極的な訪問活動(アウトリーチ)を行わない。事前に連絡しないで利用者の自宅を訪問すること

☐ 支援者の無礼な態度(例えば、軽蔑した言葉遣い)。支援者が利用者に対して電話するのを忘れる、約束を破る、気配りのない指示(例：「臭い、家に帰って風呂に入れ」などと言うこと)

☐ 利用者が言った話に耳を傾けないこと(例：もっとお金を稼ぎたいと言うとすぐに就労前訓練プログラムを紹介すること)

☐ 利用者が行ったことのないことを、支援者が「やれる」と言うなど無責任な発言やはげましをすること

5)貧困

☐ 利用者が「どうやってこれを払えばいいのか？」といつも心配を抱えていること

☐ 利用者に強制的に慈善物品などを受け取らせること(例：食料配給所や中古ショップに利用者を行かせること)

6)サービス

☐ 利用者の目標達成のための支援(例：利用者の働く場を見つける、教育の場を求めることを支援する)より、今の状態を維持するサービスを勧めること

☐達成できると誇張して言うこと(例:「あなたはこれができる!」)、そして、それを得るために、資源と時間を何か月も費やすこと
☐「それは私の仕事ではありません」と言って何かすることを支援者が拒否すること
☐利用者とたまにしか関わらないこと
☐以前利用者が関係を築いたケアマネジャーや主治医を変えること
☐あまりに多くのサービスを提供すること(例:専門機関の提供しているあらゆるプログラムに参加させる)
☐薬を一方的に変えて、症状の再発や副作用をもたらすこと
☐関係づくりにおいて、支援者があまりにも多くの伝統的な境界を定めること(例:地域社会のなかで利用者を地域生活者として認めない、支援者目線で適切な「距離」を保てない)
☐サービス利用に対し条件を付けること(例:「このサービスを受けるなら、住宅補助を受けさせますよ」)

7)目標
☐何をすべきか、利用者の目標が「どうあるべきか」について、支援者の考えを押しつけること
☐利用者の夢や目標を追求せず書き留めず、その人の夢や目標を無視すること
☐利用者の意思決定を家族に任せること
☐利用者の目標を専門家の視点で再構成すること(例えば、「私はより多くの友人が欲しいです」という発言を「社会化技能の改善」という表現で記録する)

8)差別
☐アパートの家主が障害や病気のある人に家を貸して過去に苦い経験があったので、住宅を貸してくれないこと。
家主が、障害のある人を受け入れる住宅としての証明書(注:アメリカの制度で障害者専用の賃貸住宅)を受け入れないため、望ましいアパートを見つけることができないこと
☐雇用主/従業員が利用者に対して十分な配慮をしていないこと(例:笑いの対象にする、リストラの対象にする)

- □ 服薬の副作用(例：インポテンツ、体重減少など)が他の人より変わっている人という感情をもたらすこと
- □ 精神疾患を持っていることについて、恥ずかしい思いを利用者が持つこと
- □ 性犯罪をする者として見られること

9)家族
- □ 家族によるサポートの欠如(例：家族はあまり関わりを望んでいない、利用者を子どものように扱う)

❻ 友人としての関係と専門家としての関係との境界線

　友人関係と専門家としての関係にどのような違いがあるのでしょうか？　有効な関係は友だちのような行動のうえに築き上げられるため、専門家としての関係と単に友人であることの境界線は時々ぼやけることがあります。この違いを理解することは、間違った方向に進むことを防ぐことになります。専門家としての関係と友人としての関係は、以下のとおり違いがあります。

- ・利用者と友人になることを目的や役割にしない。
- ・専門家として支援する関係は、業務や時間によって制限される。
- ・専門家として支援する関係は、サービス利用者として位置付けて行われる。
- ・友人関係は自発的に発展するのに対して、専門家として支援する関係は、計画的であり統制された関係である。
- ・友人関係は、専門家としての関係よりも多くの情報を受けとることができる。

　ここに挙げたポイントを心のなかに入れて関係づくりをすることと、新しい生き方の再発見の妨げになる要因を利用者に思い出させることは重要なことなのです。

第4章

目標を一緒に設定するには：
利用者の持っている思いを解き放つために

▶ 前提となるストレングス視点

利用者（支援を受けている人）は、支援過程の監督者である。

- 支援者（相談支援専門員）は、話し合いのすべての過程において、利用者本人の同意が必要である。
- 利用者本人が自ら必要であるケアの監督者の位置に少しでも近づくための機会を設けるよう、支援者は継続的に努力しなくてはならない。
- 利用者の属する地域社会に完全に参加すること、お金を得ること、他者と支援的な関係を持つこと、新しいことを学ぶといった、一般に人が欲しいと思うものが、利用者本人が必要としているものである。

▶ この章の目的

支援者は、目標設定の原則と効果的な長期的目標の設定ができることの基本的理解を持ち、そして、利用者の生活・人生における新しい生き方の再発見の促進のための個人プラン（パーソナルリカバリープラン）を知ることができる。

- 支援者はなぜ目標に到達できないかの理由を確認する。
- 支援者は長期目標を設定することの効果の本質的な要素について話し合う。
- 支援者は長期目標を、ストレングスアセスメントから得た情報から作成する。
- 支援者は、長期目標を短期の適度な段階に分けるために、パーソナルリカバリープランを使用する。

❶ なぜ目標が達成されないのかを考えてみよう

まず最初に、なぜ目標が達成されないのかについて、以下のポイントをもとに考えてみましょう。

・立てられた目標が利用者自身の目標ではない
・目標を達成するために必要な地域資源を利用することができない
・地域資源へのアクセスに困難がある
・資源となる人たち(サービス提供者)が、利用者のニーズに応えていない
・目標を達成するために必要な技術が欠落している
・目標を達成するために必要な情報のないこと、または間違った情報の入手
・失敗に対する恐れ／成功に対する恐れ
・同時期に沢山の目標を達成しようとしている
・目標達成のための時間が十分ではない
・目標設定が高すぎる／目標設定が低すぎる
・目標が利用者にとって楽しくない
・目標達成に向けて本人の意欲を肯定的に強めるものがない／やっても見合った評価がない
・目標設定時に比べて環境が変化してしまった、望んでいるまたは実行できそうな目標ではなかった
・目標達成を支援しない利用者の周りの人の影響
・利用者本人の目標達成に向けての意識の変化
・利用者がとても疲れている／病気になった
・利用者が当初の目標を忘れてしまった
・長期目標が短期の実現可能な段階に分けられていない、あるいは抽象的な目標である
・利用者本人の力では達成できない目標となっている

このリストは、直接、プランニングの段階で、「動機が低い」、「協力的ではない」と呼ばれた利用者たちについての、利用者との話し合いやグループのスーパービジョ

ンの議論に使うことができます。これらの要素はすべての障害のある人に対して関係するものです。

★ 長期目標

【内容】
- ストレングスアセスメントの「希望と願望」の欄から得られる
- 利用者本人の言葉で書かれる
- 利用者本人が理解できるようにできるだけわかりやすく書かれている
- 議論はしていないが、利用者に受け入れられて、また深く探究されている

　長期目標づくりで留意すべきことを具体的に以下に示しますので、これらのポイントを考えてみましょう。

- 利用者本人にとっては重要な意味があり、情熱を持って取り組むことができる。
- 良い長期的なゴールは利用者の情熱、希望、夢が反映されている。
- 強い希望が利用者自身の言葉で書かれている。
- 利用者が「彼女が欲しい」と言った時には、「地域との関わりを増やす」などの言葉に変えないほうがよい。利用者の目標を支援者（相談支援専門員）と共有できた時には、その内容を利用者の理解に沿って詳しく書く。
- 利用者が「仕事が欲しい」と言った時にはどのような仕事が欲しいのかをしっかり書く。
- 「医者になりたい」と言っている利用者にファーストフード店の仕事を探すようなことはしない。
- 利用者の目標について議論するのではなく、それを受け止め、そのために必要なことを一緒に考える。

　長期目標づくりで利用者の目標についてより深く知る必要があります。以下、そのことについて具体的に考えてみましょう。

- 痩せたいと思っている利用者がいたら、なぜ痩せたいのかを知る。その理由が

愛されたいという理由だとしたら、痩せても誰かに愛されない場合もある。この場合、目標を達成したといえない。逆に太っていても誰かに愛されることになった場合、目標を達成したといえる。
- 痩せたいという表面的なことを聞くのではなく、利用者の言葉は何を意味しているかを理解する。そのためには、第3章にあるような信頼関係を築くことが重要である。本当に利用者がしたいことを支援者に打ち明けることが重要である。
- 利用者のために働いているのであれば、利用者を尊敬することが大切である。利用者を支援するためには夢を打ち明けてくれないと支援者は働けないので、夢を打ち明けられることは誇らしいこととして考えるべきである。
- 利用者の夢に向かっていくのは簡単のように聞こえるが、支援者は利用者の「彼女が欲しい」という目標に対して正視しなかったり働かないことがあり、それは問題である。
- 支援者が利用者の目標を受け入れていない時、例えば「本人が薬を飲みたくない」と言っており、支援者は薬を飲むことが大切だと考えている場合、支援者は薬を「飲め」とも「飲むな」とも言わず、別の方向で働きかけることが必要である。
- 利用者が自分の考える理想の暮らしと支援者が考える理想の暮らしが違う場合がある。支援者は利用者がしたいことに向かって目標に向かうことを絶対忘れてはいけない。利用者に決定権があり、利用者を信じなくてはならない。利用者が経験したことを共有し、尊重することが重要である。

■ 長期目標の例

よい長期目標は、利用者本人がいくらかの「情熱」を持っているものです。この長期目標の記述は、本人の人生における本当の願い、希望や夢として描かれるものです。すべての利用者は支援者とこの「情熱のある長期目標」を一緒に行うミーティング（サービス調整会議など）で最初から共有することはありません。

それは、支援者の関わりが信頼と互いの尊敬し合う関係が構築されて、初めて利用者が自らの新しい生き方の再発見の過程で支援者に教えてくれるものです。

以下は、パーソナルリカバリープランにおけるよい長期目標の例です。
- 私は自分の息子をそばに置いておきたい。なぜなら、彼は私の生きる目的であるから。

- 私が家族から独立できるように、自分の住まいを確保する。
- 私は（ペットショップなどで）動物と一緒に働きたい。なぜなら、動物は私を審判しないから。
- 田舎をドライブできるように車を買いたい。
- 一緒に遊びに行くことができる友達が欲しい。

上記のものを、以下の、よくサービス等利用計画（個別支援計画など）で見かける長期目標のよくない例と比較してみてください。これらのゴールは、利用者本人が「情熱」を持って取り組むのには困難なものです。
- 社会参加（社会との接点）を増やす
- 健康を増進する
- 地域への参加を増やす
- 職業的活動を増やす
- 日常生活動作を向上する

このような言葉で書かれた目標は、支援者側にとってはしばしば便利な表現ですが、目標を達成するために、関係者全員が時間やエネルギーや資源を投入しようとする希望や情熱を煽りません。それどころか、これらの記述は、利用者本人の本当の思いを見えづらくし、また利用者本人の夢をサービス提供システムに合わせた一般的な内容になり下がらせてしまう、といったストレングスモデルの精神を踏みにじるような結果になりかねません。

❷ 医療の必要性については？

ストレングスモデルであっても支援者は、医療の必要性（病気の結果、彼らの目標達成の障壁となる）をサービス等利用計画の目標に書くことを強いられることがあります。以下の目標を例としてみてください。

「なぜ私の息子をそばに置いておきたいかというと、彼は私の生きる目的であるからだ」

このゴールは、利用者中心で、情熱があり、またこの人(利用者)の存在意義を示していますが、医療の必要性については言及していません。支援者は計画作成において医療に関する言葉がどのように処理されるのかを確かめなくてはなりません。目標は利用者中心でなくてはなりませんし、常にその人のストレングスアセスメントに立ち返らなくてはならないのです。

　以下は、どのように利用者中心の目標と医療の必要性が言葉に示されることとが両立するかについての記述例です。

・「私は、息子をそばに置いておきたい。なぜなら息子は私の生きる目的だからだ」
・抑うつ的な兆候を管理することができることにより息子のケアができる。
・収入に対する負担を減らし、よりよい備えを息子にするために、経済的状況を改善する。
・息子に対して提供される利用者本人のケアに対する負担を軽減するために、インフォーマルな支援を増やす。

❸ 長期的な目標を見つけるのが難しい例

(1) 利用者の目標が現実的ではない場合の対応例
　例1) 総理大臣になりたい。
　　　　Q　どのように話を聞くか？
　　　　A　総理大臣になって何がしたい？
　　どの総理大臣をイメージしますか？
　　総理大臣になる方法を一緒に調べよう。

　例2) アイドルになりたい。
　　　　Q　どのように話を聞くか？
　　　　A　アイドルになったらどんな活躍がしたい？（どんな歌が歌いたい？　テレビ番組に出たい？）

この人のようになりたいというアイドルはいますか？
芸能界に入る方法を一緒に調べよう。

　利用者の定めたゴールが現実的ではないと思っても、支援者がその判断をすることは妥当ではありません。利用者の未来がどうなるかは予測できないからです。障害のある人全体の所得を保障したいという目的で自分の収入を何とかしたいのかもしれませんし、もしかしたら、本当に政治に関わる仕事に就くかもしれません。世の中を変える動きに関わることになるかもしれないのです。

(2) 利用者本人の目標設定が曖昧な場合の対応例
　　例) もう少しよくなりたい。幸せになりたい。
　　　　Q　どのように話を聞くか？
　　　　A　どんなことをしている時が幸せか？
　　過去のどんな幸せだった時に近づきたい？
　　どんなことが幸せだと思うか？

　もう少しよくなりたいにはいろいろな意味が含まれます。利用者にとって気分がよいとはどういう意味かを知りましょう。

(3) 目標がない(あるいは見つからない)場合の対応例
　　例) お互いに時間をかけて一緒に探していく。
　　例) ストレングスアセスメントを使うと目標が見つかるかもしれない。
　　※あなたの目標は何ですか？といった聞き方はしません。いきなり夢を聞かれることが苦手な人もいるからです。その場合、目標がない訳ではありません。
　　目標がわからないから支援者の助けが必要という人もいるのです。支援者の必要性がないのか、目標を一緒に探すのかを見極めることも必要です。

長期目標を設定する日頃の努力（演習）

　それぞれの3つのシナリオは、以下の状況に対して、希望を引き出す、ストレングス視点、新しい生き方の再発見を指向するアプローチによって考えてみましょう。
　すでに対応例に示しましたが、あなたの言葉でより具体的に考えてみましょう。

1. 利用者本人の目標が、非現実的、壮大、妄想のような時 ― 利用者が巨大企業の最高責任者になると目標を設定した

　1. ＿＿＿＿＿＿＿＿＿＿＿＿＿＿＿＿＿＿＿＿＿＿＿＿＿＿＿＿＿＿＿＿＿＿＿＿

　2. ＿＿＿＿＿＿＿＿＿＿＿＿＿＿＿＿＿＿＿＿＿＿＿＿＿＿＿＿＿＿＿＿＿＿＿＿

　3. ＿＿＿＿＿＿＿＿＿＿＿＿＿＿＿＿＿＿＿＿＿＿＿＿＿＿＿＿＿＿＿＿＿＿＿＿

2. 利用者本人の目標が曖昧である ― 利用者があなたに言うことが、ただ「幸せに暮らしたい」である

　1. ＿＿＿＿＿＿＿＿＿＿＿＿＿＿＿＿＿＿＿＿＿＿＿＿＿＿＿＿＿＿＿＿＿＿＿＿

　2. ＿＿＿＿＿＿＿＿＿＿＿＿＿＿＿＿＿＿＿＿＿＿＿＿＿＿＿＿＿＿＿＿＿＿＿＿

　3. ＿＿＿＿＿＿＿＿＿＿＿＿＿＿＿＿＿＿＿＿＿＿＿＿＿＿＿＿＿＿＿＿＿＿＿＿

3. 利用者本人に目標がない ― 利用者に対してどのような目標に向かいたいか尋ねた際、「わからない」「ない」といった返事である

　1. ＿＿＿＿＿＿＿＿＿＿＿＿＿＿＿＿＿＿＿＿＿＿＿＿＿＿＿＿＿＿＿＿＿＿＿＿

　2. ＿＿＿＿＿＿＿＿＿＿＿＿＿＿＿＿＿＿＿＿＿＿＿＿＿＿＿＿＿＿＿＿＿＿＿＿

　3. ＿＿＿＿＿＿＿＿＿＿＿＿＿＿＿＿＿＿＿＿＿＿＿＿＿＿＿＿＿＿＿＿＿＿＿＿

目標設定の準備のためのワークシート

このワークシートはあなた（支援者）が目標を設定しようとしている時の準備の際に役立ちます。目標は下記の項目がより高い数字である場合に達成するチャンスが高まります。0は全く達成していない状態を指し、10は達成したことを示します。あなたは、進歩（変化）を見出すこと、またどこに注目すべきかを特定すること、時間の経過のなかで評価を繰り返すことができるでしょう。

氏名： 　　　　　　　　　　　　　　　目標：

尺度	0	1	2	3	4	5	6	7	8	9	10
この目標はどの位大切か	重要ではない					まあまあ重要					大変重要
この目標を達成することにどの位自信があるか	自信なし					まあまあ自信あり				非常に自信ある	
この目標を達成するために十分な支援はあるか	支援なし					まあまあ支援あり				多くの支援がある	
この目標を達成するための時間はあるか	時間なし					まあまあ時間あり				十分な時間ある	
この目標を達成するための資金もしくは他の資源はあるか	資源なし					まあまあ資源あり				多くの資源がある	
この目標を達成するための情報はあるか	情報なし					まあまあ情報がある				多くの情報がある	

第Ⅱ部 第4章 目標を一緒に設定するには：利用者の持っている思いを解き放つために

第5章

目標を実現するために必要な地域資源の開発

▶ 前提となるストレングス視点

私たちの仕事の主要な場所は地域である。

- 利用者の自己決定と利用者が選択できる状況にあり、地域に普通にある資源を優先的に考える。
- 利用者は住んでいる環境に影響を受ける。
- 利用者のストレングスや願望を本当に知るために、それらの環境で適切に評価（アセスメント）を行う必要がある。
- 地域での状況は多様なので、身につけた技能の応用よりも技能を継続させる。

地域社会を資源のオアシスとみなす（新しい人生の再発見には、地域社会のありとあらゆる人、施設・設備、サービスなどが活用できる。地域社会は砂漠のなかのオアシスのようなものである）。

- 地域社会は、障害のある人の支援の重要な資源の源である。
- 地域社会は、支援に必要な機会を提供し、利用者が暮らしのなかでうまくいくために必要な資源を提供する。
- 利用者の幸せは、他の人が利用者に向ける期待と役に立つ資源によって、その大部分が決まる。
- 支援者の仕事は、地域社会のなかで利用者の協力者をつくることである。
- 資源の獲得には普通のありふれた資源を重要視すべきであり、保健福祉に固有のサービスに結びつけることに終始しない。
- 地域社会のストレングスの見定めと活用は、利用者一人ひとりのストレングスの見定めと活用と同じくらい重要である。

▶ この章の目的

支援者は、地域に普通にある資源の基本的理解を持ち、自分たちの地域社会で利用者が目標を達成することを支援する方法を知ることができる。

- 支援者は、フォーマルな資源と地域に普通にある資源との違いについて考える。
- 支援者は、地域に普通にある資源がフォーマルな資源より好まれる理由について話し合う。
- 支援者は、2つの例（シナリオ1、シナリオ2）から地域に普通にある資源のリストを作成する。
- 支援者は、自分の地域のなかで利用者が長期目標を達するのを支援するために使用することができる地域資源（10個程度）のリストを作成する。

❶ なぜ地域に普通にある資源を利用するのか？

地域に普通にある資源を利用する利点を考えてみましょう。

・地域社会の生活のなかで普通に参加し、生活する利用者のための機会を増やすためである。
・利用者が地域に定着したように感じてもらうため、個別的な支援の輪をつくり提供するためである。
・人為的に隔離された環境（病院、入所施設）よりも利用者の地域社会への参加を促進するためである。
・地域社会では利用者が生涯支え合える人間関係をつくることができる可能性が開かれるためである。
・生活の維持や病気・障害の管理よりも、利用者の希望と新しい生き方の再発見を促進するためである。
・支援者にとってケアマネジメントの仕事をより目的のあるやりがいのあるものにするためである。

❷ 個別支援の検討から地域資源の開発に結びついた例

新井聖子（アライセイコ）さん（仮名）は、特別支援学校高等部3年生です。とても楽しく学校生活を過ごすことができたので、卒業後も毎日どこかに通い、仲間と過ごすことを望んでいます。聖子さんは、脳性麻痺でねたきり、言葉を発することができません。しかし、問いかけには表情で返事をしてくれる笑顔が素敵な女性です。周囲の友だちの進路先が次々と決まるなか、聖子さんは通える場所が決まりません。聖子さんは、胃ろうからの栄養や薬の注入、体調によっては痰の吸引などの医療的ケアが必要です。地域には医療的ケアが必要な人が通える場所がまだありませんでした。

そこで、支援者（相談支援専門員）は、市の自立支援協議会のくらし部会に地域課題として問題提起しました。すると、聖子さんだけでなく医療的ケアが必要な人が

今後、毎年、学校を卒業すること、その他難病の方、高次脳機能障害の方も同じように通える場所がない、と部会のメンバーから話が出ました。部会で検討した結果、他地域ではすでに行われていた日中一時事業、生活介護事業の看護師加算の2つの施策提案を行いました。医療的ケアが必要な人の福祉サービスの充実について県が検討していることも追い風になり、聖子さんだけでなくたくさんの人が活用できる2つの新たなサービスが誕生しました（図1）。

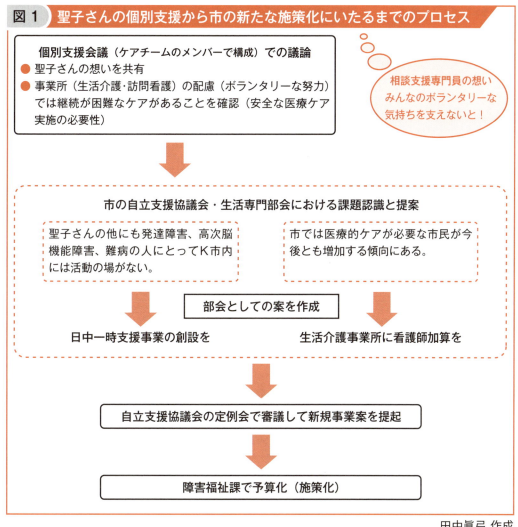

田中眞弓 作成

　聖子さんは制度化されているサービスだけでなく、自分の周りのありふれた資源も作り出してきました。聖子さんはジャニーズの「嵐」が大好きです。DVDやCDは予約をして買いに行きます。CDショップの店員さんは聖子さんのことを覚えてく

れて、買い物に行くと「嵐」のメンバーのことなどを話しかけてくれます。また、聖子さんはきれいなものが好きで、近所の着付けの先生と知り合いになり、卒業式は袴で出席しました。着付けの先生は工夫して、車いすでも綺麗に着付けてくれました。以後、着付けの先生は、聖子さんだけでなく他の車いすの人にも着付けをしてくれるようになりました。また、聖子さんの袴姿をきっかけに、特別支援学校では後輩たちが袴やドレスに挑戦するようになりました。18歳の女の子として当たり前の自分の「好き」を実現するなかで、聖子さんの素敵な笑顔に巻き込まれ、周囲の人たちが変わっていく様子は「地域資源の開発」と言えるでしょう（図2）。

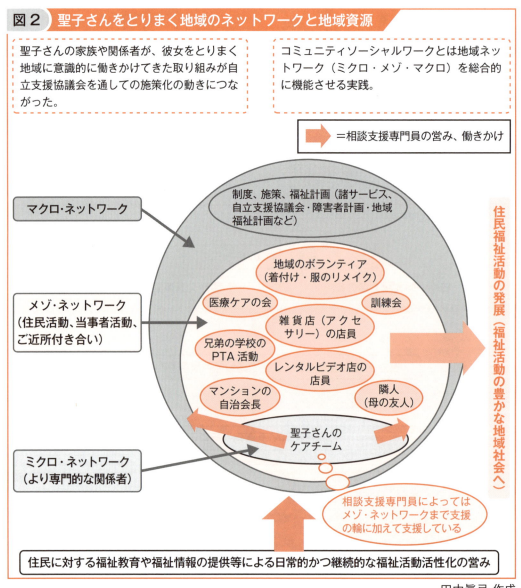

図2　聖子さんをとりまく地域のネットワークと地域資源

田中眞弓 作成

❸ 地域にある誰もが使える資源を活用する（演習）

シナリオ1：

　あなたは、昨年高校を卒業した黒田和也（クロダカズヤ）さん（仮名）の担当者です。

　在学中、友人とのトラブルをきっかけにたびたび学校を休むようになり、卒業後も集団での活動に対して消極的でしたが、最近"今の暮らしを変えたい"と口にするようになりました。これまでも、彼らしさを取り戻すための活動のきっかけとして、地域活動支援センターやデイケアに行くことなどを提案してきましたが、利用には至らず、次の一手の支援に苦慮しています。そんな時、経験のある相談支援専門員の支援事例を思い出しました。

①利用者の特技や興味を理解し、自主性を促している。

②利用者の持つつながりや、地域にある誰もが使える資源を活用し、提案に取り入れている。

※和也さんのストレングスアセスメント票により、トラブル前は社交的で友人も多かったことや、今も愛犬の世話は欠かさず行っていることがわかっています。趣味としては、スポーツ観戦（野球、サッカー、大相撲）が大好きです。自転車で10分ほど走ると、大きな大会が開かれるサッカー場があります。相撲では5月場所は必ず観戦に行き、白鵬の大ファンです。

〇上記情報を参考に、地域にあるさまざまな資源を活用し、和也さんが自主性を引き出す創造的、革新的な提案（アイデア）を考えましょう。

_____
_____
_____
_____
_____
_____
_____
_____

注：3つのよりよいアイデアを考えましょう。最も創造的なものか、希望を引き起こしているものか、利用者の個別的なものかの3つに整理して#1、#2、#3と書いてください。

シナリオ2：

　あなたは、工藤（クドウ）ひろしさん（仮名）の担当者です。工藤さんは、生活に張り合いのない暮らしをしていました。しかし、自分の車を所有するという目標を持ったことで、「仕事をしたい」と思うようになりました。あなたは、他のスタッフと、工藤さんが車を持つことについて、彼に充分な責任能力があるかどうかなど、不安に思うことを話し合いました。

　しかし、ひろしさんがその目標を達成するために、今回仕事をする機会を得ることができないと、彼はこれまで以上に障害福祉サービスに依存してしまうと思いました。

　あなたは、ストレングスの原則の1つである「すべての障害者は、新しい生き方を再発見し、取り戻し、生き方を変えることができる」ことを基本として、そのための関わり方を学んでいる支援チームの一員です。

　あなたは、このチームで、ひろしさんが仕事をし、車を所有し、それを継続するという夢を達成するために、地域社会のなかに普通にある資源の活用について話し合いをします。

※ひろしさんのストレングスアセスメント票によると、現在、単身で生活していて、障害年金2級と生活保護を受給しています。彼は、手先が器用で、まじめな性格です。彼には、修理工場に勤めている自動車整備士の兄がいます。兄は地元の商工会の青年部で活発に活動しています。

○前頁の情報を参考に、地域にあるさまざまな資源を活用し、創造的な、希望をもたらす、オリジナルな提案(アイデア)を考えましょう。

注：3つのよりよいアイデアを考えましょう。最も創造的なものか、希望を引き起こしているものか、利用者の個別的なものかの3つに整理して#1、#2、#3と書いてください。

第6章

新しい生き方の再発見に向けての個人プラン：夢の達成に向かって前進するために

▶ 前提となるストレングス視点

利用者は、支援プロセスの監督者である。

- 支援者は、利用者の承認なしに何もすべきでないし、すべてのステップにおいて、利用者が話し合いに参画するよう支援していくべきである。
- 支援者は、利用者自身が支援の監督者になれるような機会を設けることを、継続的に探求すべきである。
- 一般に誰もが必要としていることは、利用者も必要としている。彼らが地域社会に完全に参画すること、収入を得ること、支援的な関係性をつくること、新しいことを学ぶこと、よい居住環境、などは共通している。
- 最良の結果をもたらすプログラムは、利用者が支援プロセスの監督者として取り組むことである。

▶ この章の目的

支援者は、ゴールプランニングの原則に関する基礎的理解を得る。また、効果的な長期目標の設定、利用者の人生における新しい生き方の再発見を促進する個人プラン（パーソナルリカバリープラン）の用い方を学ぶことができる。

- 支援者は、短期目標設定に関する5つの基準について話し合う。
- 支援者は、パーソナルリカバリープランを用いることで、長期目標を、短期の測定可能なステップに分解することができる。
- 支援者は、パーソナルリカバリープランをいつ導入するのかを理解する。
- 支援者は、現に支援を提供している利用者に対してパーソナルリカバリープランを用いて、支援を実践することができる。

1 パーソナルリカバリープランについての概観

・パーソナルリカバリープランとは利用者の新しい生き方の再発見の目標についての記録である。その記録は、利用者が獲得したいと思っていることを含み、その目標がその利用者にとってなぜ重要で、有意義であるかを反映するものであることが重要である。

　　記録例：「私はまた仕事に戻りたい。だって、働いている時、「私は普通だ」と感じられるし、幻聴も気にならなくなるから」

・パーソナルリカバリープランは新しい生き方の再発見の目標を、小さく、かつ適度なステップにするためのものである。例えば、「働きたい」という漠然とした希望を以下のように具体的にする。

　　例：求人申込を＿＿＿＿＿＿からピックアップします。申込書に＿＿＿＿＿＿を書き込みます。

・パーソナルリカバリープランでは、それぞれのステップにおいて、目標達成に関わる責任者を決める。その責任者は、利用者自身、支援者（相談支援専門員）、家族、友人などを含み、それらの責任者は、そのストレングスモデルにおける各ステップにおいて利用者をサポートし、利用者自身がそれを行えるのかどうかを選ぶことになる。

・それぞれのステップは、達成されるように計画され、現実に達成されるよう具体的に示される。
　利用者と支援者が共同で作業をしているのなら、支援者との次回の面接までの間に利用者が成し遂げられるよう、可能な限り十分に細分化されたステップであるべきである。

・パーソナルリカバリープランの目標への進捗度合いについて記録する。コメン

トは、利用者の希望を喚起するようなものであり、そのステップで得た重要な学びを含んだものであるべきである。

❷ 変化の段階

パーソナルリカバリープランを用いることが利用者の変化の段階を考えるうえで有益です。

1 深く考える前の段階

このステージにある利用者は、自身の問題行動について気づいておらず、また、それらについて変えようとも変えたいとも思っていないことがあります。

深く考える前の段階にある人への対応の仕方：

利用者の意に反することを求めたりせず、代わりに、気持ちを汲み取ったり、励ましたり、利用者の置かれている状況を確認します。利用者自身が自らの問題を抱えていることを彼らが"受容"することは、このステージにおいては逆効果となります。

2 深く考える段階

この段階にある利用者は、利用者自身が問題を抱えていることを認め、その解決について真剣に考えるようになります。

深く考える段階にある人への対応の仕方：

利用者は、このステージにかなりの時間を費やすことになります。したがって、利用者には変化を起こす準備ができていないかもしれないということを理解しておくことが重要です。利用者が変化していけるように、情報を提供し、利用者の判断のバランスを追い求め、その状況を受け入れ、利用者が変化することに関して前向きな立場と同時に、その反対の立場、あるいは不安・懸念を持っているといった二律背反の思いがあることを理解し、利用者を非難してはいけません。

3 準備段階

このステージにある利用者は、近い将来変化を起こす準備ができています。

準備段階にある利用者への対応の仕方：

変化のための効果的で、達成可能で、適切な計画を立案できるように支援します。
変化のためのプランには、利用者が今まで取り組んでこなかった手立てや柔軟な発想によるプランの選択肢を提供し、利用者のストレングスの強化や資源の確保をする内容が含まれていることが必要です。

4 実行の段階

このステージにある利用者は、利用者の行動上の課題（禁煙をする、断酒する、など）を修正することができます。利用者は、自分が準備してきたプランを実行に移し、行動するようになります。

実行の段階にある利用者への対応の仕方：

変化に対してはまだ利用者のなかで葛藤があることを理解します。そのためには注意深い聞き取りと容認が重要です。変更や修正が必要になったらプランの見直しを行います。

5 維持の段階

この段階にある利用者は、実行の段階で得たことを固定化し、逆戻りを防ぐことが重要です。このステージは、半年から生涯を通して持続し得ることが必要です。

維持の段階にある人への反応の仕方：

利用者が実践し、成し得た変化を維持できるよう支援します。このステージにおいて、後退はしばしば見られることを支援者は理解しておく必要があります。ともすれば、前のステージに戻ってしまうことがありますが、永久的な変化を達成することもあります。同様に、後退から学ぶことも多いのです。

『*Motivational Interviewing* 第二版』Miller & Rollnick, 2002 より

パーソナルリカバリープラン

_____ 様

私（利用者）の目標（新しい生き方の再発見の各領域を達成するのに意味があり、重要な目標）				
なぜ、その目標が私（利用者）にとって重要ですか				
今日何をしますか（達成するために、測ることのできる短期間（今日とは限らない短期間）のステップ）	誰が責任を負いますか（実行する人）	いつ達成しますか（達成期日）	実際の達成日	コメント
上記の目標リストは私の新しい生き方の再発見の各部分の達成に重要です。		この人にとって上記の目標リストは重要であることを認めます。いつでも私は喜んでこの目標に向かってこの人が進むことを手伝います。		
本人サイン		支援者（相談支援専門員）サイン		

パーソナルリカバリープランの例

鈴木和代(スズキカズヨ)さん(仮名)(30歳)

私(利用者)の目標(新しい生き方の再発見の各領域を達成するのに意味があり、重要な目標)					
私は〇〇市で駅の近くの自分のアパートが欲しいよ					
なぜ、その目標が私(利用者)にとって重要ですか					
今まで母親の言う通りに生きてきた。きょうだいには迷惑をかけており、いろいろなことを我慢してきた。我慢しなくても、誰かに助けてもらいながら1人でも生活ができることをきょうだいに見せて安心させたいから。					
今日何をしますか(達成するために、測ることのできる短期目標(今日とは限らない短期間)のステップ)	誰が責任を負いますか(実行する人)	いつ達成しますか(達成期日)	実際の達成日	コメント	
きょうだいと今後の生活について話し合う	鈴木和代 山田猛(相談員)(仮名)	8月1日	8月5日	きょうだいも応援してくれるとのこと	
駅前の〇〇不動産に電話して、駅近くのアパートがあるか調べる	鈴木和代	8月7日	8月14日	物件は複数あるのでお店に来て欲しいとのこと	
〇〇不動産に行って、申込書を書く	鈴木和代	8月16日	8月18日	申込書の写がもらえて、空きができたら連絡がもらえることになる	
一人暮らししている当事者のアパートを見学する	鈴木和代 山田猛	8月21日	8月30日	すごく自信になった	
新しいアパートに必要なもののリストをつくる	鈴木和代 山田猛	9月1日	9月5日	炊飯器、冷蔵庫、テレビ、テーブルなど	
きょうだいにリストの物品で協力できそうなものがあるか相談してみる	鈴木和代	9月8日	9月15日	調理器具や食器はきょうだいが協力してくれそう	
〇〇家具で家具を見てくる	鈴木和代	9月16日	9月20日	真っ赤なソファーが2万円で売っていた	
家具を買いたいことをきょうだいに相談する	鈴木和代	9月23日	9月28日	アパートが決まるまでは、自宅の空いている部屋に家具を保管しておいてよいことになった	
新しいアパートに住んだ時に必要となるサポートのリストをつくってみる	同じ障害のある相談員(ピア相談員)	10月1日	10月7日	ホームヘルパーさん以外にもいろいろなサービスがあることを知った	
一人暮らしに向けてヘルパーを月2回体験で使ってみる	鈴木和代 山田猛	10月8日	10月10日	初めての人に介助してもらえるかの心配があったけど、ホームヘルパーさんがとても優しい印象でホッとした	

もしもの場合の相談先や事業所の電話番号リストをつくる	鈴木和代 山田猛	10月12日	10月18日	和代は具体的に何が心配なのかが少しわかってきた
上記の目標リストは私の新しい生き方の再発見の各部分の達成に重要です。	この人にとって上記の目標リストは重要であることを認めます。いつでも私は喜んでこの目標に向かってこの人が進むことを手伝います。			
本人サイン 　　　　　鈴木和代	支援者(相談支援専門員)サイン 　　　　　山田　猛			

短期目標における記録の特徴

・利用者にとって肯定的な言葉での発言であること

・利用者にとって成功の可能性が高い目標であること

・利用者にとって適切かつ経過がわかりやすい目標であること

・明確で、小さな一歩であり、目標の達成実現には期限(短期間)があること

・わかりやすく、利用者にとって重要であること

パーソナルリカバリープラン作成のための5つのポイント

- 明確である
- 測定できる(達成したか否かがわかる)
- 達成できる(実現可能性が高い)
- 利用者の現実に即している
- 時期にかなっている

❸ パーソナルリカバリープランの使用について

　パーソナルリカバリープランは、利用者が達成したいと思う目標に向かって歩みを進めるのを助けるためのツールとして意図されています。ひとたびゴールがパーソナルリカバリープランに書き込まれたら、目標が達成されるか、変更されるか、延期されるまでの間は利用者との面接の際、毎回持参すべきです。一度の面接で複数のパーソナルリカバリープランについて扱うこともあり得ると思われますが、利用者にとって有意義で重要な目標達成のためにこのツールのみを使うべきです。

1 どのタイミングで、パーソナルリカバリープランを導入すべきか？

　以下の状況がある場合は特にパーソナルリカバリープランの導入が有効です。
　1) 利用者が達成したいと思う情熱的な目標を持っている時（例：「私は働きたい」、「私は学校にまた行きたい」、「私は自分のアパートが欲しい」、「地域社会に出かけていくと気持ちがよいので、幻聴との付き合い方を学びたい」など）
　2) 細かく細分化すれば、達成できそうな目標を持っている時（すなわち、「私は運転免許を取りたい」、「障害給付金を得たい」、「新居の家具をそろえたい」など）
　3) 利用者の目標があいまいで、細かく分解して整理する必要がある時

2 どのような目標を書くべきか？

　パーソナルリカバリープランの目標の欄には、利用者が用い、語った言葉をそのまま書き入れるのが最もよい方法です。利用者は彼らの望みをとても正確に語ります。ただし、真の目標に達するまでの間、利用者の語りのさらなる意味の検証をすることが必要になるでしょう。1) 支援者と利用者の2人の間で理解し、2) 目標達成の可能性を増やすためにステップを細分化していきましょう。

　例えば、もし利用者が「幻聴を止めたい」と言ったら、あなたはこの課題について利用者と一緒に深めたいと思うでしょう。幻聴が、いかに利用者の行動を邪魔するのか、ということを探るかもしれません。利用者は、「これが、私をデパートに行くことや映画館で映画を楽しむのを邪魔する」と言うかもしれません。するとあなたは、「私はデパートに行きたい。また、幻聴に邪魔されずに映画館で映画を楽しみたい」という発言を「毎週デパートでの買い物ができるように私は幻聴をできるだけ減ら

したいし、時々映画を観たい」と目標を書き直してよいか利用者に確認することになるでしょう。

　これは、以下の3つのことを表しています。1)利用者にとって重要であるという文脈に、目標は位置づけられます。2)そのゴールは利用者の満足を達成したかどうか、評価を正確に行うためのポイントが必要になります。3)これは、目標の達成をどのように追及するかについての選択肢をひろげることになります。

　もし利用者が明確かつ特定された目標を持たない場合、その時のルールはいつもあなたが利用者からもらった情報を加え、それを追求すべきです。ステップを歩み始めたらさらに詳しく情報を加えていきましょう。支援者と利用者にとってより意味が理解しやすい目標ができたなら、どの段階でもいつでもパーソナルリカバリープランの目標の書き換えは可能です。

3 パーソナルリカバリープランを始めるにあたり、ステップの数はいくつぐらいに設定すべきか？

　一般的なルールとして、1回1回の面接の間、利用者の前進にとって必要なものに限って書く必要があります。これは1つのステップになるかもしれません。パーソナルリカバリープランを用いて支援が開始されたら、（面接の予約）の際に何をするかを決定し、次の面接の予約の時には何をするかを話し合い、次回の面接までの間にすべきことを話し合います。

　次回の面接日が来たら、パーソナルリカバリープランの確認から始め、それぞれすでに達成されたステップの更新を行います。特定の面接の予約日の際に扱おうとしているステップがあるならば、支援者はそれを行ってもよいし、それらが終了していることをマークしておきます。次回の面接の時に達成したい目標は何か、そして、次回の面接日までに何をするか、を話し合ったら、面接は終結となります。

4 それぞれのステップで、どの程度明確である必要があるか？

　それぞれのステップは、実行するうえで非常に明確で具体的な目標が書き込まれます。利用者と決めた期間内（実行中の行動は含めない）に、達成すべき目標を1つ挙げます。行動に関する具体的な言葉を用いて説明することは、ステップを明確で、的確にしてくれます。すなわち、「行く、頼む、書き出す、印刷する、読む」などです。支援者がパーソナルリカバリープランを更新しようとするなら、「これは確認済みで

す」とも「これは出来ていませんね」と言うようにすべきです。

　前の面接の時のステップが達成されていないなら、新しい目標達成の時間枠で前と同じステップに再チャレンジできるよう、さらに細分化するか、またさらに、目標達成を助けてくれるような追加のサポートを書き加えることもできます。

5 目標に向かってパーソナルリカバリープランを使うなかで、危機状態になったときはどう対応するか？

　ステップがスムーズに進むのを阻害するような危機や不測の機会はいつでも起こり得ることです。支援者が、利用者の達成すべきパーソナルリカバリープランと直接関係のないことに注意する必要があるのなら、支援者はそれに注意を向ける必要があります。いつ、再び利用者が特定の目標に向けたステップを再開する準備ができるかはわからないので、パーソナルリカバリープランは毎回持参し続けるべきです。利用者が情熱的な目標に向かっている時は、たとえ少しのステップしか達せられなかったとしても、困難に打ち勝つ助けになることもあります。しばしば、困難を克服する情熱的な目標は価値のあるエネルギーになります。

　支援者は、パーソナルリカバリープランを、利用者の危機を乗り越えるために用いることもできます。利用者が行いたいと願う時は、新しいパーソナルリカバリープランを始めます。例えば、「私はこのまま興奮し続けたい」、「私は生き続ける理由が欲しい」、「私はなぜもう自分にエネルギーが無いのか知りたい」、など言ってきたときに始めます。

パーソナルリカバリープランの質的評価

利用者氏名：_____　　評価日：_____

支援者氏名：_____　　評価者氏名：_____

長期目標（利用者の言葉を用いる）	
目標は、ストレングスアセスメントのセクションにおける「希望と願望」の項から引用されていること。それは、利用者が情熱を注ぐことを反映しており、本人にとっての価値や意味を内包している	はい いいえ
目標は、利用者自身の言葉で記述されていること	はい いいえ

短期目標（具体的な行動ステップ）	
目標は、小さく、明確で、的確なステップ（行動ステップが書かれた時に、日付を埋める）であること	はい どちらでもない いいえ
行動ステップは肯定的であること（「なされない」だろう、よりも、「なされる」だろう、のように）	はい どちらでもない いいえ
行動ステップは、明確かつ変わり得る達成目標日を持つ（次回の面接で達成され得るものであり、実行中の行動ステップではない）	はい どちらでもない いいえ
行動ステップが（実際に）達成された日付が記録されていること	はい どちらでもない いいえ
目標の進捗が、コメント欄に反映されていること	はい どちらでもない いいえ
行動ステップは、ストレングスアセスメントによって得られた資源の情報が含まれていること	はい どちらでもない いいえ
行動ステップは、普通に地域にある資源の利用を反映する	はい いいえ
ワークシートは、利用者から発せられる明確な事実を反映する （例：利用者自身の言葉で記述され、ステップは、利用者の希望による道すじを反映）	はい いいえ
毎回の面談において用いているパーソナルリカバリープランに関して、明白な根拠が存在すること	はい いいえ

第7章

グループの力を用いたスーパービジョン：束縛から解放する創造的なプロセス

▶ 前提となるストレングス視点

焦点は欠陥ではなく、個人のストレングスである。

地域を資源のオアシスとして捉える。

利用者と支援者との関係が根本であり、本質である。

▶ この章の目的

ここでは、グループ・スーパービジョンの進め方を学ぶ。それによって、ストレングスの焦点化、地域の普通の資源を用いたり、開発していくアイデアの創造、利用者と支援者との関係づくりへのスーパーバイズなどを学んでいく。

グループ・スーパービジョンは、利用者と支援者の両方に焦点を当てたストレングスモデルに基づいたケアマネジメントの営みを確立する積極的な力となります。支援スタッフが、グループ・スーパービジョン検討チームに提出された利用者の事例を共有します。そこで、事例に向けられた意欲的な取り組みに関する意見や質問を出す時に、ストレングスモデルにおいて支援チームメンバーの学習が生まれます。グループを運営するルールは参加メンバーに配慮しながら注意深く確立され、コミュニケーションがなされます。例えば、支援者が利用者の問題、課題を提起した時に、グループメンバーは、他の問題で以前関わった取り組みを出しながら、その支援者に受け入れやすい最小限3つの「次のステップ（取り組み）」をつくり出さなくてはなりません。担当の支援者（スーパーバイジー）は増えていったアイデアの選択肢に関わるミーティングから自由な立場にいます。他のグループ・スーパービジョンのメンバーは、実践のなかで生じる状況の多様な選択肢を聞き取る利点を持っています。スーパーバイザー（グループ・スーパービジョンではファシリテーター役）は、スーパーバイジーの提出した課題すべてに対して回答をする役割を果たすのではなく、回答が見つからなくうまくいかないと思われることも受け入れ、スーパーバイジーと一緒に悩む心地の悪い役割を担うこともあります。スーパーバイザーは支援をプログラムや政策レベルで広げていくために、利用者個人にもたらされる障壁だけでなく、他の利用者によっても見出される幅広い選択肢の知識を持つことが重要です。

　グループ・スーパービジョンは、支援者にとって満足度が高く、トレーニングを進めるうえで効果的な手段です。グループ・スーパービジョンを通しての学習は通常の事例検討会的なワークショップの形式よりもしばしば効果的なことが明らかです。

❶ グループ・スーパービジョン：プロセスの説明

　グループ・スーパービジョンはストレングスモデルの実践を生き生きしたものとし、チームを力強くする燃料です。そのプロセスは、バズセッション（多角的な検討）にみられるような問題に穴を開けたり、つくり直したりするよりも、創造的な戦略に焦点を当てた支援チームを維持するように仕向けます。それぞれの利用者につい

て議論をしている間、その過程は6つの段階から構成されています。それぞれのステップをきちんと進めることは、その過程の成功にとって明確であり、重要です。

ステップ1：ストレングスアセスメント票の提出

事例提供者（利用者に関わっているスタッフ）は、ストレングスアセスメントのコピーをつくり、それを提出します。参加者（グループ・スーパービジョン参加メンバー）にストレングスアセスメントのコピーが行きわたらないまでは、この過程は働きません。

ステップ2：利用者のゴールは何か、私（事例提供者）がグループから特に必要としている助言は何かを伝える

例えば、「秋山誠一さん（仮名）は仕事に戻りたいというゴールを持っています。私は彼の関心にあった仕事に戻るためのアイデアが欲しいと思います」、「清原智子さん（仮名）はもっと友人を欲しがっています。私は彼女の友人が増えるためのアイデアが欲しいと思います」と担当の支援者が必要としている助言を明確に言うことが重要です。利用者の目標がこの段階での中心になります。もし、利用者が特別な目標を持っていないのなら、利用者にとって情熱的な意味のある目標を見出すような関わり方について、思いをめぐらすような質問をグループで話すべきです。この過程におけるポイントで重要なことは、チームメンバーが、成し遂げられることは何かに焦点を当てることを保ち続けることです。

ステップ3：現状は何か、すでに取り組んだことは何かを簡潔に説明する

担当の支援者は、現状とすでに取り組まれた2、3のことについて、5、6分で描きます。

ステップ4：ストレングスアセスメント票から明らかにされ、チームが検討に必要としている情報について明らかにする

このポイントでは、ストレングスアセスメント票から読み取れる利用者像を、5、6分で概観することは有効です。それから、10〜20分間で、チームメンバーは書かれていること、完全に掘り下げられていないことをより深く明らかにするために担当の支援者に質問します。例えば、「ここに、祖母が協力的と書かれています。この

人の人生・生活において彼女の役割をもっと教えて欲しいです」などです。このセクションでは助言をしてはいけません。ここでの目的は、利用者の目標を達成することを助ける次のステップにおいて、創造的で特別な示唆が提供されるために、利用者についてより深い理解をすることです。

ステップ5：ブレーンストーミング（アイデアを出していく）

20～30分間、チームメンバーはアイデアを出しながらブレーンストーミングをします。これらのアイデアは利用者の目標に関連していることが重要です。この場合、参加者は、アイデアの評価をしてはいけません。「そうだが、しかし、…」といったことを言わずに、すべてのアイデアを書き留めなくてはいけません。ここでの目的はチームが創造的で解決的指向であることを認めることです。いくつかの素晴らしいアイデアはしばしばアイデアづくりを始めてからブレーンストーミングの終わりに向かって出てきます。よいブレーンストーミングは20～40のアイデアを生み出します。

ステップ6：示されたことに基づいた私（担当の支援者）のプランは何かについて表明する

担当の支援者は、アイデアを検討し、それから次に取り組むステップを明確に表明します。例えば、「今度の木曜日に伊東明美さん（仮名）に会います。私は、もし、彼女が地域との関わりをもっと得るような示唆を求めているならば、このリストをもっと見せたいと思います」、「私は、石毛信二さん（仮名）が動物好きなので、動物園に連れて行くアイデアを好みます。私たちがそこにいる間、彼の禁酒の目標についての動機づけを起こす面接技術を用いたいと思います。私はまた彼が酒を飲んでいない過去には彼にとって何が支えになっていたのかを見出すストレングスアセスメントを作成するつもりです」というような形で、担当の支援者が出されたアイデアに基づいた具体的な支援プランを表明します。

2 グループ・スーパービジョン：ワークシート

グループ・スーパービジョンの記録のために、以下のようなワークシートにまとめることは重要です。

利用者　氏名：＿＿＿＿＿＿＿＿＿＿＿＿＿＿＿＿＿＿＿＿＿＿＿＿

ストレングスアセスメント票作成の日付：＿＿＿＿＿＿＿＿＿＿＿＿＿＿
（もし、グループ・スーパービジョンの前に追加され得る、あるいは、拡張した追加的なストレングスがあるならば、その日付を入れてください）

利用者の目標は何か？

このことは、この時（今）のその人にとって重要で意味のあること、あるいは、その人において熱望を持ち続けるより深い目標を反映できます。もし、この時（今）何をしたらよいかわからないならば、ここで、あなたはそのことを述べることができます。

私（担当の支援者）がチームから受けたい助言は何か

これは、ブレーンストーミングでチームを導くのに使った簡単な記述、1つの文章であるべきです。これは、利用者の目標を達成することを支援する、目標を達成するのに関わる障壁を克服することを支援することに留意します。特にその人に対して新しい生き方の再発見に関わる目標のためのアイデアを見定めることに関わります。

現在の状況の概観

これは、その人の目標と、あなたが利用者の支援でこれまで取り組んできたことを達成し、明確にすることに関連する、今のあなたの立場（位置）について、5、6分以内の短い説明です。

以下、ブレーンストーミングで出されたアイデアを列記します(アイデアは箇条書きで整理します)。

　　1.
　　2.
　　3.
　　・
　　・
　　・
　　23.
　　24.
　　25.

次のステップ

　ここでは、次回あなたが利用者に対応するために特に何をするのか、あるいは、次回利用者に対応するのにとって重要なステップは何か、を含みます。

フォローアップ報告(1週間後)(次回のグループ・スーパービジョンの時の報告に使います)

■記録

❸ グループ・スーパービジョン：実践例

グループ・スーパービジョンの実際例
　(F)グループ・スーパービジョンファシリテーター、(SV)スーパーバイジー（担当の支援者）、(M)グループ・スーパービジョンメンバー。

ステップ1： ストレングスアセスメント票の提出
　(SV)ストレングスアセスメント票をチームメンバーに示す（検討ケースのストレングスアセスメント票(141頁-143頁)の配布）

ステップ2： 利用者のゴールは何か、私がグループから特に必要としている助言は何かを伝える

(F)　「利用者の目標を簡単に教えてください」
(SV)「お金の稼げる仕事をしたい」
(SV)「退院をしてアパートで一人暮らしをしたい」
(F)　「どのような助言をチームに求めたいですか？」
(SV)「本人は犯罪歴をオープンにしてアパートを借りたり、働いたりして暮らしたいが、世間の目を考えると難しい」
(SV)「オープンにしたら暮らしにくいかといつも心配している」
(SV)「どのくらい仕事ができるか本人が不安を持っている」
(SV)「どのようにしたら本人にふさわしい仕事ができるかと考えている」

ステップ3： 現状は何か、すでに取り組んだことは何かを簡潔に説明する

(F)　「仕事をしたいということについて、これまで試したことを簡単に説明してください」
(SV)「住みたい場所を本人と一緒に探した」
(SV)「仕事に関しては、就労支援事務所に相談した」

ステップ4： ストレングスアセスメント票から明らかにする、チームが検討に必要としている情報について明らかにする

(F)　「ストレングスアセスメント票を5～6分間見ましょう。そのあとに質問をしましょう」

　　　「何か質問はありますか？」

(M)　「犯罪歴を明らかにすることとしないことを本人はどう思っていますか？」

(SV)　「「自分は罪を償ったので隠す必要はない」と言っている」

(M)　「真面目な性格ですか？」

(SV)　「はい」

(M)　「一人暮らしをするためにどんな家を探していますか？」

(SV)　「駅が近い家」

(SV)　「きょうだいがそばに住んでいる土地」

(M)　「おばあちゃんの住んでいる土地ではないですか？」

(SV)　「いいえ」

(M)　「1人で住んでいないのは本人の想い？」

(SV)　「おばあちゃんと住んでいたけど犯罪を起こしたので住めなくなった」

(M)　「相互の理解なのか？」

(M)　「本人の希望なのか？」

(M)　「いろいろな仕事の情報を知りたいらしいけど、どんな？」

(SV)　「公務員」

(M)　「どんなスキルがある？」

(SV)　「データ処理や町のお祭りの企画やポスターをつくったりしていた」

(M)　「どのくらい前のことですか？」

(SV)　「5年前です」

(M)　「車が好きらしいけど」

(SV)　「フォード　年に5万キロ　乗ることが好き」「免許は失効した」

(M)　「回復できそうですか？」

(SV)　「毎日、朝一に出勤していたから「朝一君」と呼ばれていた」

(SV)　「仕事がなくても一人暮らしはできる」

(SV)　「貯金はある」

(M)　「ボランティアがいいのか、収入がある仕事がいいのか？」
(M)　「仕事と趣味は分かれているのがいい方ですか？」
(SV)　「今までは分かれていた」
(M)　「どんな人と仲良くなれますか？」
(SV)　「ちょっかいを出す人、うるさい人は嫌い」
(SV)　「支援者と誕生日パーティーをやったのは初めてだ」
(M)　「どんな？」
(SV)　「2人でラーメンを食べに行った。一郎さんは知らないときに2人で食べるケーキを用意していた」

(SV)　「犯罪を起こしたのでクビになった」
(M)　「復職は？」
(SV)　「難しい」
(M)　「犯罪はアパート探しの困難な理由になりますか？」
(SV)　「多くの人は犯罪歴を話さない」
(M)　「どれぐらい稼ぎたい」
(SV)　「年金が月10万円ある」
(SV)　「一人暮らしに最低15万円必要、残り5万円から10万円稼ぎたい」
(M)　「あなたは、本人が仕事を見つけ一人暮らしをできることを信じていますか？」
(M)　「地元の家主さんとつながりはありますか？」
(SV)　「ありません。探しています」

(M)　「どのくらいで退院をしますか？　本人はいつ頃したいですか？」
(SV)　「涼しくなって2か月ぐらいかな」
(M)　「保護観察期間中ですか？」
(SV)　「終了しました」
(M)　「きょうだいが住んでいるのはどんなところですか？」
(SV)　「普通の町（スーパー銭湯などはある）です」
(SV)　「昔から好きだったラーメンを食べに行きたい希望をもっています」

ステップ5：ブレーンストーミング（アイデアを出していく）

事例提供の支援者（スーパーバイジー）にメモをとってもらって進めます。

以下、グループメンバーから出されたアイデアです。

1. 彼と一緒にドライブしながら話を聞く。ラーメンを食べながら話を聞く。
2. 地元の有力者との食事会、本人の誠実さを知ってもらう。
3. ロールプレイを相談支援専門員と利用者とで行う。
4. 地元のお祭りを見に行ってどのようなことができるか考える。
5. インターネットで地域のラーメン屋の情報を集める。
6. 地主のリストをつくる。
7. 他にもうまくいっている人がいるかも。家族と話をする。
8. 地元の祭りでボランティアを行って顔をつなげる。
9. ポスターの案をつくって提案する。
10. いくつかのパーソナルリカバリープランをつくって本人の希望を確認する。
11. 仕事に関してのステップを確認する。
12. ラーメンや温泉に関しての仕事を探してみるのはどうか？
13. 弟に聞くのもいいが、有力者に聞くのはどうか？
14. 不動産屋に障害者に理解のある大家さんを紹介してもらう。
15. 朝に強いから、朝一でできる仕事を探す。新聞配達、肉体労働、事務の仕事など。

ステップ6：示されたことに基づいた私（スーパーバイジー）のプランは何かについて表明する

(F)　「このアイデアをどうしていきますか？」

(SV)　「仕事と一人暮らしを分けて考えて支援していきたい」

(SV)　「次に会うのは、来週です。そのときには、お祭りに連れて行くこと、ラーメンを食べに行くこととドライブを提案したいと思います」

ストレングスアセスメント票

【●】本人の言葉　　　【○】家族などの言葉

本人の名前：山本一郎（ヤマモト イチロウ）（仮名）さん（32歳）

現在のストレングス 現在持っている私のストレングスは？ （例えば、才能、技術、個人的・環境的資源）	希望と願望 私の人生・生活に必要としているものは？	過去利用した資源－個人的、社会的、環境的な資源 私が今までに利用したことがある資源とその時のストレングスは？
| 家庭／日常生活 |		
●「一人暮らしをするための家具や家電は弟に預かってもらってます」「いつでも一人暮らしを始められます」 ●「病院では患者同士での喧嘩が絶えず、自分も仲裁に入ったりしていますが、疲れます」 ●「病院での生活は楽ですが、このままでは自分がダメになりそうで、早く退院したいです」 ●「公共交通機関の利用ができるようになりました」	●「アパートで一人暮らしをしたいです」「知らない地域なので、弟が住んでいる近くが安心」 ○弟「退院するまでは荷物を預かります」「アパートを借りるときには保証人を引き受けます」	●「矯正施設で暮らしたことがありますが、窮屈で嫌でした」「田舎では祖母と一緒に暮らしていました」 ●「グループホームの体験もしましたが、人との関わりで疲れてしまいました」「誰かと一緒に住むのは嫌です」
| 経済生活 |		
●「公務員だったので、年金が月に10万円もらえます」「入院しているとお金が貯まるので、貯金もあります」 ●「お金は煙草とお菓子程度しか使っていません、一人暮らしのために節約してます」	●「昔のように、働いて生活費を稼ぎたいです」 ●「できれば事務の仕事がよいです」 ●「肉体労働は自分には合っていないとわかりました」	●「高校を卒業してから町役場に就職して8年間働いてきました」「役場では、4か所の課でイベントの手伝いや事務仕事をしてきました」 ●「役場では毎日誰よりも早く出勤して、周りから鍵開け当番と呼ばれていました」 ●「矯正施設では、引越しの仕事や建築の仕事を体験しましたが、どちらも2日間しか持ちませんでした」

仕事／教育		
●「昼間は煙草を吸うために遠くの喫煙所まで歩くことにしました」 ●「最近、調理プログラムに参加して、牛丼をつくりました。美味しかったので、また参加します」 ●「パソコンが使えます」 ●「月に一度、弟との外食が楽しみです」 ●「相談の人との体験生活が一番の励みになっています」	●「将来的には、就職して週5日働きたいですが、今は体力が続かないと思うので、アルバイト位から始めたいです」 ●「いろいろな仕事の情報が知りたいです」 ○弟「すぐに仕事は無理だと思いますが、昼間通うような場所があると安心です」 ○病院ケースワーカー「本人の障害特性や体力、仕事への適応能力などわからないので、まずはデイケアの利用を進めたいです」	●「仕事をしているときは毎日が充実していました」 ●「休みの日には車でドライブをして、温泉に行き、ラーメンを食べるのが楽しみでした」 ●「病院や施設では楽しいこともなく、何をしていたのか自分でも思い出せません」
支援的な関係		
●「弟が月に1回外食に連れて行ってくれます」 ●「ばあちゃんが心配だけど、事件を起こしたので田舎には当分行けそうもありません」 ●「インターネットで、田舎の同僚や役場の情報を時々見ています」 ●「体験利用はとても楽しみで、いろいろなことを話せる人でよかったです」	●「いつかは田舎に行って、墓参りや役場に行って、謝りたいです」 ○病院ケースワーカー「定期的な面接を通して人との関係やコミュニケーションの取り方を話し合っています」 ○弟「月に1回の外食は入院中は続けていくつもりです」 ○相談員「定期的に病院を訪問して、宿泊体験の予定や予算を決めていきます」	●「仕事では同僚や部下とうまくやっていたつもりですが、上司とはうまくいかなかった記憶が多いです」 ●「休みの日にはほとんど1人で楽しんでいましたが、友人とカラオケなどに行ったこともあります」
健康状態		
●「入院して体は健康になりました。ダイエットにもなり、体がしまって軽くなった感じがします」 ○病院ケースワーカー「服薬管理も自分でしており、受診にも前向きです」	●「一人暮らしをしたら、食事が不規則になって太ってしまわないか心配です」	●「田舎ではばあちゃんがご飯をつくってくれていたので、自分でつくったりしたことはありません」

余暇／娯楽		
●「車の運転が大好きで、休みの日には1人でドライブしてました。今は免許証が失効してしまい運転できないですが…」 ●「温泉も大好きです。休みのたびに近くの温泉に入りに行ってました」 ●「ラーメンの食べ歩きが趣味で、休みの日にはいろいろな所にラーメンを食べに行きました」 ●「周りからは仕事が趣味だと、よく言われていました」	●「いつかは免許証をとって、車を買いたいです（軽でいいです）」 ●「ラーメンのおいしい店に行きたいです」 ●「インスタントラーメンを自分でつくってみたいです」 ●「ゆっくりと温泉に入りたいです」 ●「そのためには、仕事をしないと…」	●「仕事を一生懸命して、休みの日には車で温泉に入りに行き、ラーメンを食べて帰る生活でした」 ●「給料はほとんど、ガソリン代に消えていました」

生きがい／大切にしている価値		
●「車でのドライブとラーメンの食べ歩きは続けていきたいです」 ●「家族は好きですが、今は弟としか連絡が取れないので心配だけど、自分のしたことだから仕方がありません」 ●「仕事をするのが、生きることだと思っています」	●「今は、美味しいラーメンを食べて温泉に入って、ゆっくりと過ごしたいです」 ●「仕事をして自分で稼いだお金で、休みの日に好きなことができるようになりたいです」 ●「いつかは田舎に行って、皆に謝りたいです」 ●「都会の生活に慣れるまで、いろいろな人に助けてほしいです」 ○病院ケースワーカー「人に頼ることや相談することができるようになってきました」	●「とにかく、仕事を一生懸命して休みの日に遊ぶことができていた頃が一番楽しかったです」

私の優先順位（大事にしている事柄・ものの優先順位）は
1）弟の住む近くで、アパートを借りて一人暮らしがしたい。
2）事務の仕事を見つけて、自分が生活するお金くらいは稼ぎたい。
3）美味しいラーメンを食べて、温泉に入りたい。
4）車の免許を取って、自分の車を買いたい。

私を知るための追加コメントや重要なこと：	
話すのが苦手で、落ちついた雰囲気のなかで、ゆっくり話し合いたいと思います。	
これは私たちが考えた私のストレングスであり、これから目標達成に向けて、新たな項目などを足しながら使っていきます。 ―――――――――――――――― 本人署名　　　　　　　　日付	私はあなたが目標達成に向けてストレングスアセスメントを使うことに同意します。私はそのために何が必要なのかを考えます。 ―――――――――――――――― 支援者（相談支援専門員）署名　　日付

第8章 日本におけるストレングスモデルに基づくグループ・スーパービジョンの展開例

▶ この章の目的

ここでは、これまで、地域で取り組んできたストレングスモデルに基づく、グループ・スーパービジョンの研修・実践の実際を説明する。実際に、研修・実践を進めるにあたっての留意点、ファシリテーションにおける配慮点などを理解することを目的とする。

❶「グループ・スーパービジョン」の地域展開をめぐる論点

　埼玉県では、平成20年度よりストレングスケアマネジメントとグループ・スーパービジョンを県の相談支援従事者養成研修（現任研修）において取り入れてきました。また、県内各地域での相談支援体制構築するにあたり、この手法による実践を取り入れた地域が少しずつ広まっています。

　ここでは、地域での具体的な展開方法とその留意点を述べていきます。

　なお、本章では、議論されたという表現が多用されますが、埼玉県内において、相談支援体制整備アドバイザーによる体制整備に関する議論やグループ・スーパービジョンを実際に取り組んだ地域の中核的な相談支援専門員によるグループ討議を元に研修と実践の進め方の留意点をまとめたものです。

1 定義や機能について

　まず、用語の捉え方や実践に時間の経過とともに若干の地域差が生じている背景について解説します。すなわち、地域でのさまざまな研修・実践形態が「グループ・スーパービジョン」として意味づけられ、展開されており、何をもってグループ・スーパービジョンと捉えているかが少しずつ異なってきた状況があります。

　地域における研修・実践は、具体的には、次の3類型に整理されます。

- カンザス大学におけるストレングスモデルのグループ・スーパービジョンをできるだけ忠実に行うもの（「狭義」のストレングスグループ・スーパービジョン：ほぼ後述の研修型グループ・スーパービジョンと一致する）
- ストレングスモデルにおけるグループ・スーパービジョンを中核としながらも、対象を幅広く困難なケースを含めて取り扱うもの（ほぼ後述の実践型グループ・スーパービジョンと一致する）
- 関係者が集まり合議・共有する場やケース会議を広くグループ・スーパービジョンと捉えるもの

　このような状況に至った背景には、主に次の2点があると思われます。
① 事業所や地域において、事例検討やスーパービジョンなどの合議が充分には実施されてこなかった。

②業務内容について、日本の相談支援専門員は、サービス調整を主とするケアマネジャーというよりはソーシャルワーカーとしての立ち位置を置いており、ストレングスモデルの適用の難しいケースも相談支援専門員の担当である。つまり、ストレングスモデル以外の手法が必要な場合やインテークのアセスメントを実施する以前の見立て（前さばき）、利用者との関係構築段階でのチームとしての合議が必要とされている状況にある。

「事例共有」「ケースレビュー」「事例検討」「合議」「スーパービジョン」などの機能や用語の整理がされないまま、グループ・スーパービジョンの取り組みを開始したために生じた状態です。

「合議の場」は、いわゆるスーパービジョンを目的に実施される共有と討議の場です。事例検討より広義の概念です。ただし、さまざまな用語の使い方をされるので注意が必要になります。

スーパービジョンとファシリテーションでは、スーパービジョンの文脈におけるファシリテーションは、スーパーバイザーがグループ・スーパービジョンを用いてスーパービジョンを行う場合の場を運営する技術の1つです。

標準的なグループ・スーパービジョンのモデルを明示しながらの展開ではなかったため、このような状態となっていますが、近年の埼玉県の実践者間の認識では、地域による特性は認めつつも、標準的なグループ・スーパービジョンのモデルは必要であるとの認識で共通しています。

本書はその標準的なストレングスモデルとグループ・スーパービジョンのモデルを示すものであり、これから取り組みを開始していく地域においては、本書で示したモデルに則ってグループ・スーパービジョンを展開することが重要です。

2 スーパービジョンの展開例と効果

地域のなかでのグループ・スーパービジョンの進め方としては、研修効果の高い事例を選定し、自己覚知や教育（気づきや日々の実践への持ち帰り）を目的とする教育的なスーパービジョンに重きをおいた研修型と、支援者の困り感や実務的な共有・検討の必要性を重視した事例選定を行い、実際の業務についてのグループ間での共有や検討を目的とする教育的スーパービジョンに管理的スーパービジョンの要素を加えた実践型の大きく分けて2つに分類することができます。また、その双方を実施

する重層型の取り組みを行っている地域もあります。

　すべての取り組みに共通して、参加メンバーを支える支持的な意味でのグループ・スーパービジョンの効果が生じているほか、支援の質や支援者の意欲向上、気づきへの高まりなどを実感していますが、今後の客観的な評価のために第Ⅰ部第2章で触れられているアメリカでのフィディリティスケールを参考にした日本版のフィディリティスケールの開発が望まれます。

3 スーパーバイザーについて

　埼玉県内で取り組まれてきた実践・研修においては、スーパーバイザー育成の必要性が指摘され続けてきました。しかし、スーパーバイザーが権力的になりやすいこと、スーパーバイザーとスーパーバイジーとの関係が上下関係になりやすいなどのデメリットを低減するため、「地域リーダー」や「主任相談員」などさまざまな形でスーパーバイザーのあり方の検討を重ねてきましたが、その位置づけは曖昧でした。

　また、当初、ストレングスモデルとそこで用いられているグループ・スーパービジョンを導入した際にも、グループ・スーパービジョンにおける参加メンバー間の水平的な関係の魅力から、そのファシリテーターをスーパーバイザーではなく、あくまでファシリテーターとして位置づけてきました。

　しかし、実際にグループ・スーパービジョンを取り入れてみると、以下のような課題が浮き彫りとなりました。

- ・相談支援専門員（支援者）の困り感に焦点を当てた事例選定を行うと、ストレングスモデルが適用しづらいケースが事例として挙げられることも多い。
  - （例）・ストレングスモデルの適用前のプロセスに課題のあるケース
    - ・関係構築に困難を抱えている
    - ・アセスメントが不十分
  - ・ストレングスモデルの適用が適切でないケース

    その場合はフィールドメンタリング（グループ・スーパービジョンのトレーニングを受けた者が地域の実践現場に出向いて助言・相談をすること）によって、グループ・スーパービジョンの適用が適当かどうかの判断が必要である。

    また、インテーク・アセスメントを実施する前の前さばきがない場合においては、ストレングスモデルのグループ・スーパービジョンではなく事例検討に切り替える判断が必要である。

- グループ・スーパービジョンにおけるファシリテーションは、自由に見立てを表出するバスセッションなどのワークショップ的手法のファシリテーションの技法だけでなく、スーパーバイザーとしての役割が必要である。
- グループ・スーパービジョンを実施する際には、参加メンバー間での利用者像の共有が必要であり、ブレーンストーミングにおけるアイデア出しにあたってはスーパーバイザーによるストレングスの整理・提示が重要である。
- その際、情報の重要度、取捨選択をスーパーバイザーの視点とファシリテーションの技法を用いて行う必要性がある。
- アイデアのまとめと提示には、ファシリテーションの技法を用いながら、参加メンバーに示すことで、チームの支援方針とすることが重要である。
- 出されたアイデアに関しては、創造性が重要なことはいうまでもない。同時に、その場での議論の流れ次第で何でも採用とするわけではなく、重要な論点についてはある程度スーパーバイザー(兼ファシリテーター)が判断し、ファシリテーションの技法を用いて提示することが求められる。
- 事例提出者(スーパーバイジー)も、全くの支援の見直しの立たない状況での事例提出の場合もあれば、自分なりの判断はあるが、他のメンバーのアイデアを聞きたいという意図で提出する場合もある。

このことから、以下のことを示すことができます。
- グループ・スーパービジョンは、スーパーバイザーが用いるスーパービジョン方法の1つである。
  その際、グループ・スーパービジョン運営も単なる事例検討会のファシリテーターではなく、スーパーバイザーとして関わることが重要である。
  ファシリテーションの技法はスーパーバイザーがグループ・スーパービジョンを効果的に行うときに必要である。
    →グループ・スーパービジョンの場はスーパーバイジーとスーパーバイザーが1対1で対応するスーパービジョンと異なり、スーパーバイザーとスーパーバイジーの上下関係を少なくし、チームとして取り組む地域の雰囲気を醸成するのに有効である。グループ・スーパービジョンの後に、インフォーマルなメンバー間の支援の場があることも重要である。
- 「フィールド・メンタリング」(相談支援現場でスーパービジョンを行う)の実施

を含めたスーパーバイザーの役割の必要性がある。

その際のスーパーバイザーの役割は、日常的に相談できる相手としての役割、「進行管理」・「交通整理」の役割である。

また、常に必要があれば相談でき、グループ・スーパービジョンの場への事例提出方法を含めた業務の進め方や妥当性を確認できる相手としての役割である。

・具体的には面接でアセスメントを深められないケースに対し、スーパーバイザー（フィールド・メンター）などが面接に同席したり、ときには面接を行ってみせる。

❷ グループ・スーパービジョンを行うにあたってのポイント整理

1 準備・場づくり

> **地域の相談支援チームづくりのポイント**
>
> ・必要な資源を整え、体制をつくる
>   ＝充分な人員、討議の仕組み、社会資源などを調整し、福祉サービス以外も調整する
> ・チームで支え合い、担当者個人で抱えこまない
>   ＝専門性（技術・価値観など）・メンタル（動機づけ、心理的負担感）・業務分担など、チームで共有し、担当者の孤立感を低減する
> ・障害のある人が地域のなかで溶けこんで生活するための社会資源を開発する
>   ＝（自立支援）協議会などを利用する
> そのためには、まず「よい雰囲気」のチームづくりが重要となる。新人の相談支援専門員も経験のある相談支援専門員も自由に意見を述べる。
> → グループ・スーパービジョンの場はそのためのよい機会となる

　グループ・スーパービジョンの実施にあたっては、グループ・スーパービジョンの利点（グループであること）を生かすことが重要です。その際には、知識・経験・価値観・課題などが開示（皆がさらけ出し合う）され共有することで、ケアマネジメント力が大きく向上します。

現状の障害者福祉制度のなかではストレングスモデルにおけるグループ・スーパービジョンには2つの必要姓があります。
　1つは、ストレングスモデルの相談支援を行うにあたってのスーパービジョンであること。
　もう1つは、ストレングスモデルの適用をしにくい事例を含め相談支援活動全般について、相談支援専門員が1人で抱え込むのではなく、グループ・スーパービジョンの場で他のメンバーとともに水平的にアイデアを交換する場としてです。

　そのため、ストレングスモデルにおけるグループ・スーパービジョンを適切に展開するためには、以下の2点が必要になります。
　① 本書にあるようなストレングスモデルの習得
　② 相談支援業務全体について定期的なグループ・スーパービジョンの場の設置（事例共有や事例検討を含めて幅広く考える）

　その結果、ストレングスモデルで支援を行うケースでグループ・スーパービジョンを用いて検討したほうがよい事例については、ストレングスモデルにおけるグループ・スーパービジョンで取り扱うことで、支援の方向性がよりはっきりと見えてくることになります。

　地域のなかで、いきなりストレングスモデルにおけるグループ・スーパービジョンの実施ではなく段階的に取り組みを進めていくことが重要です。

2 グループ・スーパービジョンを含めた事例検討の留意事項

　日　時：メンバーの［参加しやすさ］を考える。
　場　所：メンバーの［アクセスしやすさ／会場の雰囲気］を考える。
　参加者：グループ・スーパービジョンを学ぶことを求めている専門職を考える。

目　的：水平の関係で意見交換が行われることを明確に説明する。
　　　　参加者の共有・気づきを重視する。
　　　　スーパービジョンの方法・支援のポイントなどを共有することでチーム力の向上を促進する。
方　法：時間：グループ・スーパービジョンの全体時間配分を考える。
　　　　使用するツール：アセスメント票、パーソナルリカバリープランなど
　　　　会場設営：グループワークをしやすい机の配置を考える。
　　　　事例の選定・提出方法：学びが深まる事例、スーパーバイジーの求めの強い事例など。

3 場の運営（スーパーバイズの技法、合議の場におけるファシリテーションの技法）の留意点

雰囲気づくり、場づくり

・参加者の様子を確認する。
　　積極的に参加しているか。
　　積極的に発言しているか。
　　楽しんでいるか。
・意見、アイデアの表出の流れに任せたり、転換することで活気を出す。

議論の焦点化

・事例提供者（スーパーバイジー）が何に困っていたり不安を感じているか、何について意見を求めているか、明確にメンバーに示す。
　　※事例提供者でも明確化されていない場合がある。
　　　　→質問セッションの中で明確化を図り、最後に確認する。
　　※できる限り、スーパーバイザーがスーパーバイジーと事前に行っておく。
・何に議論の焦点を当てるべきかを参加者全員が共有していく。
・メンバーの発言へのスーパーバイザーの応答はスーパーバイズの技術の核心の1つである。
　　→それにより、① 発言者の考えを整理し、② 議論の場の中での共有化を図る。
　　〔スーパーバイザーの応答例〕
　　　　・確認・反復（繰り返し・復唱）　　例：「ここまでの意見を確認します」

- 要約　　　　　例:「ここまでの議論、アイデアをまとめます」
- 整理　　　　　例:「ここまでの流れを整理してみます」
- 換言　　　　　例:「病気に議論が集中しましたので、ここで、この人の楽しみに変えます」
- 例示(具体化)　例:「アイデアを具体的に言うと、こうなります」
- 共感　　　　　例:「担当者の方は、この人との関わりのなかで悩んだのでしょうね」
- 称賛(褒める)　例:「担当者が、努力して利用者の心を開くために一緒にジョギングするなんて、すばらしい取り組みです」

情報と参加メンバーの認識(分析)の共有

- 利用者人物像の共有
  - アセスメントが充分かつ的確な場合は共有しやすい。
  - アセスメントが不十分な場合は、アセスメントの記述自体やその具体的方法が議論の主眼になる。
  - ※できる限り、スーパーバイザーがスーパーバイジーと事前に行っておく。

多角的な検討:メンバーに意識させずに構造化する

- 支援に関わる脈のある部分を掘り下げる(焦点化・具体化)
  - → 具体化[誰が・誰と・いつ・どこで・どのようにして]
  - → バリエーション(変形も考える)
- 局所的に深く探るだけでなく、いろいろと探索してみる(多角的に検討する)
  - → アセスメント票やストレングスの整理表(65頁参照)を活用し、読み込む

ストレングス整理表

①性格・人柄／個人的特性	②才能・素質
③環境	④興味・関心／向上心

　　　　この表を、埋めながら記述の多い箇所と少ない箇所を見出す。
　　　　ストレングスがたくさん記載できる箇所：うまく活かせないか？
　　　　ストレングスがあまり記載されない箇所：ストレングスを増やすにはどう
　　　　　　　　　　　　　　　　　　　　　　　したらよいか？
　　　→ メンバーの特性、専門性、見立てを活用して、得意な分野で、意見を出し
　　　　合う
・制度的サービス(フォーマルサービス)の検討ではなく、制度外のサービス(インフォーマルサービス、地域のありふれた資源)に目を向けることが重要である。

受容・発散・収束(整理・構造化)・合意形成

　グループ・スーパービジョンでは、メンバーの意見を受容し、アイデアの広がり(発散)を推進し、その後、アイデアの実現の可能性に応じて収束し、出されたアイデアのメンバー間の合意を形成する流れをつくり出します。

・出された意見はすべて肯定する。
・福祉の固定概念で縛られている意見やアイデアをできるだけ薄め、日常生活において誰もが利用できる可能性があるものに置き換えていく。
・出された意見を時間軸で分けたり、類似するものを統合したりすることにより、参加者に共通の認識を持たせる。
・事例提供者が自ら選ぶ意見やアイデアを、実践に取り入れることを確認する。
・思いつきの意見やアイデアをより具体的にすることで、事例提供者がより積極的に関わることができる。
・「合議の場」で得られたことは、事業所の方針と考え、出席者全員で共有することにより、事例提供者が不在の場合にも他のものが最低限の対応ができる。
・1人の担当者の抱え込みの防止につながる。

　合意形成されたことを、事例提供者の理由により提供できない場合は、実務上での指導やトレーニングが必要な場合があります。その場合は、フィールド・メンタリングが有効です。

❸ 「研修」モデルによるグループ・スーパービジョンの展開（標準的実践例）

主催	（自立支援）協議会における部会などを活用
	＜ポイント＞ ・特定の法人・事業所のみでなく、地域全体で実施できる。 ・相談支援事業所と行政双方が主体的に参加できる。 ・協議会以外にも、相談支援事業所連絡会なども想定される。 ・大都市の場合にはまずは、任意の有志でスタートするのも効果的だが、上記のような動きに転換していくことを想定する。
目的	地域の相談支援関係者・行政担当者のスキルアップ、質の均質化 （自立支援）協議会の活性化 地域課題やその解決のためのアイデアの蓄積
	＜ポイント＞ ・人材育成への取り組みは、協議会の活性化の1つの核となりやすい。 ・参加者が目的を共有して参加する。 ・何のために行う取り組みなのか、目的を地域のなかでも共有する。
日時	2か月に1度、2～3時間
	＜ポイント＞ ・定期・定時開催や年間計画の立案など、他の用務に優先させる工夫が必要。 ・他の会議も含め半日程度とするなど、業務負担を軽減する工夫が必要。
場所	保健センター会議室、市庁舎会議室など
	＜ポイント＞ ・闊達な議論のできる空間を選ぶ。 　例：採光（明るさ）、広さ（狭すぎず広すぎず適度な広さ） ・参加者が集合しやすい場所。 　広域の場合など参加者全員の利便性を確保しづらい場合は、持ち回りなども効果的。
主要な参加者	・相談支援事業所の相談支援専門員 ・市町村行政の担当者
	＜ポイント＞ ・参加者を固定し、毎回の出席を基本とする（義務づける）こと。 ・行政担当者を含めること。 ・地域の特性により、相談支援は基幹・委託のみに限る場合、指定事業所を交える場合、サービス管理責任者らの連携相手を含める場合などが考えられる。
人数	最大20～30名程度（6～7名×3～4グループ）
	＜ポイント＞ ・多すぎないこと。上記は最大数としての目安である。
グループ構成	・年度を通してグループを固定して繰り返すことで、グループとしての成熟度も高まる。 ・スーパーバイザー（グループ・スーパービジョンの進行役）も固定する。 ・全体デザインを行うスタッフ（複数名可）を置く。 ・グループ・スーパービジョンのスーパーバイザー（進行役）とは別に、研修全体のスーパーバイザーを置く（ストレングスモデルやグループ・スーパービジョンに造詣の深い学識経験者、県のスーパーバイザーなど）。 参加者の1人として、地域のスーパーバイザーがスーパービジョンを受ける場でもある。

スーパーバイザー	・地域の核となるスタッフ、将来の候補者が担う。 ・県のスーパーバイザー養成研修など、他地域の実践も含めた展開を知るものが担う。
方法	1回1事例
	時間・内容【実際の次第（進行表）添付】
	・前回のグループ・スーパービジョンを受けてのその後の展開の報告を受ける。 ・参加者の感想をもとにスーパーバイザーからの講評を受ける。ここは気づきの場となる。 ・複数グループで実施する場合、報告セッション、質問セッションは全体で行う。 ・ホワイトボードの使い方（→流れの中で板面を例示） 　本人像の共有　　＊ストレングス整理表を用いる（153頁） 　アイデア
使用ツール	事例概要、ストレングスアセスメント票【様式添付】
	・事例は事前に提出者とスーパーバイザーで練る。 　＊教育効果を狙い、以下のような観点で事例が選定されることが多い。 　　・支援者の困り感に基づく事例 　　　（→グループ・スーパービジョンの効果の体感：吐き出し、共感、斬新なアイデア） 　　・ストレングスグループ・スーパービジョンの威力を体感しやすい事例 　　　フォーマルサービス以外のアイデアの出やすい事例 　　　自由闊達な意見の出やすい事例 　　　（→ストレングスモデルの効果の体感） 　　・気づきや価値観の転換が起こりやすい事例 　＊実践型におけるフィールドメンタリングにあたる。 　＊研修型の場合は、事例の選定意図が強調されるような加工を行うことも視野に入れる。 ・ストレングスグループ・スーパービジョンに慣れてきたら、事例概要はないほうがストレングス視点での議論が深まり、かつ、構造的な検討になりやすい。
その他	・スーパービジョンの方法・＜ポイント＞の共有に留意 ・事例の選定・提出方法に留意

❹ 「実践」モデルによるグループ・スーパービジョンの展開（標準的実践例）

主催	基幹型相談支援センターなどを活用
	＜ポイント＞ ・委託相談支援事業所主体で実施することにより、通常業務に位置づけられる。 ・検討ケースの必要に応じて、オブザーバーによる参加が可能となる。 ・大都市の場合にまずは、委託事業所や有志によるスタートも効果的だが、最終的には基幹型センターへ集約していくことを想定する。

目的	1人の相談支援担当者の抱え込みを低減し、バーンアウトを予防する。担当者の視点を変えたり、幅を広げるために非常に有効となる。(支援方針の確認、検証を図る)地域の相談支援関係者、サービス提供事業所関係者のスキルアップ、支援技術の均質化による人材育成につながる。(自立支援)協議会の活性化につながる地域課題解決のためのアイデアなどを考える場になる。
	＜ポイント＞ ・グループ・スーパービジョンを通じた人材育成への取り組みは、基幹型センターにおける重要な責務と位置づけやすい。 ・参加者が目的を共有して参加することで、業務の標準化につながる。 ・何のために行う取り組みなのか、目的を地域のなかでも共有することで、協議会へ連動できる。
日時	毎週1度、約1～2時間(1ケース1時間以内)
	＜ポイント＞ ・定期・定時開催により実務と位置づけ、全員参加とする。 ・他の会議を調整し、業務全体のどの位置に位置づけるかを明確にする。
場所	基幹型相談支援センター会議室など
	＜ポイント＞ ・闊達な議論のできる空間を選ぶ。 　例：採光(明るさ)、広さ(狭すぎず広すぎず適度な広さ) ・参加者が集合しやすい場所で固定する。
主要な参加者	基幹型(委託)相談支援事業所の相談支援専門員 ・市町村行政の担当者 ・指定特定相談支援事業者相談員 ・福祉サービス提供担当者
	＜ポイント＞ ・参加者を固定し、毎回の出席を基本とする(義務づける)こと。
人数	6名～10名程度
	＜ポイント＞ ・多すぎないこと。上記は最大数としての目安である。
グループ構成	・年度を通してグループを固定して繰り返すことで、グループとしての成熟度も高まる。 ・スーパーバイザー(グループ・スーパービジョンの進行役)を固定する。 ・全体デザインを行うスタッフ(複数名可)を置く。 ・参加者の1人として、地域のスーパーバイザーがスーパービジョンを受ける場でもある。
スーパーバイザー	研修モデルと同様
方法	研修モデルと同様だが、前回ケースの振り返りや過去のケースの報告から始め、できるだけ同様のケースを繰り返し行う。
使用ツール	研修モデルと同様

グループ・スーパービジョンの進め方（現場での取り組みにおける進め方）

	段階	スーパーバイジー
		事例報告者
1	準備配布 **ステップ1**	・**事例の概要とストレングスアセスメント票**を用意（個人情報の書きかたに配慮）。
2	報告セッション **ステップ2** **ステップ3** （　5　分）	・事例の要点や解釈（見立て）・判断の理由を**端的**に説明する。 ・**本人のゴールと自分がどのような助言を求めているか**をグループに伝える（より具体的であるほうが望ましい。複数も可）。
3	質問セッション **ステップ4** （　20　分）	・グループメンバーからの質問に答える。 ・回答は端的にテンポよいほうがよい（質問する側も同様）。
4	ブレインストーミング **ステップ5** （　25　分）	・このセッションでは発言しない（**黙って聴き、出された本人像・アイデアを記録**する）。
5	応答セッション アイデアの選定 **ステップ6** （実践型　5　分） （研修型　15　分）	・出された本人像やアイデア、解釈や意見に対し、応答する。 ・実際に試してみようと思うアイデアを（3つ程度）選ぶ。 ・出された本人像やその他のアイデアに対する応答や提出してみての気づきを述べる。

＊ステップ1～6は、第7章のグループ・スーパービジョンの進め方と合わせたものです。

グループ・スーパービジョンメンバー（スーパーバイジー以外のメンバー）		留意点
グループメンバー	ファシリテーター	
	全体を通して、よい雰囲気づくりにつとめる。	
・事例報告の間は**発言しない**（黙って聴く）。	・**本人のゴール、バイジーの求めている助言・困り感を整理し、グループで共有する。** ・実践型では、どのようなブレインストーミングにするか判断する。	・提出された事例の簡単な説明。
・求められている助言に**焦点を当てて（意図をもって）質問**。 ・事例の要点、判断理由などの不明点について、**簡潔に質問**する。 ・本人と環境のストレングス双方に着目する。	・質問のうながし、質問や応答の意図の確認・深化、視点の変更などに留意する。	・質問・応答の内容はアセスメント票に書き込む。 ・**ストレングスの記述に着目。**
・積極的に発言し、アイデアは徹底的に出し合う。 ・水平の立場で発言。他人の批判をしない（ただし、発言の根拠は求めてよい）。 ・自分の発言が少ないなと感じたら、思ったことは口にしてみるとよい。	・議論促進や（個人と環境のストレングスの3要素やストレングス整理表（153頁）に着目して深めるところを深めつつ、多角的に検討できるように）視点の深化や変更、整理・まとめなどを行う。	・本人像の共有 →アイデア出しへと進行。 ・**柔軟な・創造的なアイデアは大変よい。** ・まずは実現可能性や制度のことは考慮せず**自由**に発言。 ・より具体的なほうがよい（徐々に具体化させてゆく）。
他の人のよい着眼点やアイデアをさらに展開させたり、今まで提示されていない視点・ストレングスに転換してみることも効果的。		
	・次に本人といつ会うか、その時どのようなことをするか事例報告者と応答する。 ・参加者全体に対し、気づきをうながす。	・研修モデルではここに発表（共有）を含める。 ・終了後はスーパーバイザーと提供者で今後の具体的な動きを確認する。

・参加者全員が自分の「役割」を意識！
・時間の使い方は明確に分かれています。

参考資料

1. 「心の糧」作成シート
2. ストレングスアセスメント票
3. ストレングスアセスメント票の質的評価にあたってのチェックリスト
4. 長期目標を設定する日頃の努力(演習)
5. 目標設定の準備のためのワークシート
6. パーソナルリカバリープラン
7. パーソナルリカバリープランの質的評価
8. グループ・スーパービジョン：ワークシート

1 「心の糧」作成シート

「心の糧」作成シート

名前：_____　　　日付：_____

　心の糧は、より快適に感じ、幸福感を増すことに役立ち、誰にとっても能動的なものです。心の糧は、次のようなものです。

・日曜大工　　・3歳の娘のよい親になること　　・野菜菜園

　私たちが、心の糧について話す時、医師によって処方された薬物について話しているのではなく、店頭で販売されている錠剤やビタミン、ハーブ療法について話しているのでもありません。心の糧は、個人的なものです。あなた自身やあなたの生活がより快適になるよう助けるもので、あなたが行動することです。

　ちょうど精神薬物のように、心の糧はあなたのために作用し、有効なものです。例えば、公園の散歩は、自然との結びつきを感じさせ、気持ちを切り替えるのに役立ちます。公園を散歩することは、心の糧であり、自然との結びつきや気持ちの切り替えは、有効成分として役立つ方法です。

　このワークシートは、あなたの心の糧を認識し、どのように役立てるかを考えるためのものです。あなたに役立つ活動について、表に書き込みましょう。下記の例を読んで、あなたの答えを記入してください。

心の糧		有効な活動（どのように役立ちますか？）	上位3つを支援者と共有する
例：あなたが快適に感じること	公園の散歩	自然との結びつきを感じ、気持ちを切り替える	
あなたが快適に感じること			
意義ある生活にするために行うこと			
自分自身が行うことで快適になること			
日々の生活のなかで楽しんで行うこと			
あなたが不快に思う時に役立つこと			
人生のなかで最も重要なこと			

最後に、表にあなたが最も大切にしている3つにチェックを入れてください。次回の支援者との話し合いの時に共有しましょう。あなたの望むよい状態を知ることは、あなた自身を支えるとともに、支援者はあなたの回復のための心の糧と薬物との適正なバランスのある生活について知ることができます。

あなたの心の糧は、新しい生き方の再発見（リカバリー）の促進と共通点がありますか。

1. あなたの心の状態がよくなるのを助け、新しい生き方の再発見を強めますか。
　　　　　　　　　　　　　　　　　　　　　　　　　　□　はい　　　□　いいえ
2. 自身の生活で今、すべき何か大事なことがありますか。　　□　はい　　　□　いいえ
3. それは感情や心理的要素とは違う具体的な活動ですか。　　□　はい　　　□　いいえ
4. 受身で行っていることでなく自分で行っていることですか。　□　はい　　　□　いいえ
5. それはあなたにとって、特別な価値のあるものですか。　　□　はい　　　□　いいえ

あなたが、これらの質問に「いいえ」と答える場合には、心の糧を用いて取り組むことにより、医療などの専門性の高いスタッフによる支援をさらに効果的にするでしょう。

2 ストレングスアセスメント票

ストレングスアセスメント票

_____ 様

現在のストレングス 現在持っている私のストレングスは？ （例えば、才能、技術、個人的・環境的資源）	希望と願望 私の人生・生活に必要としているものは？	過去利用した資源－個人的、社会的、環境的な資源 私が今までに利用したことがある資源とその時のストレングスは？
家庭／日常生活		
経済生活		
仕事／教育		
支援的な関係		
健康状態		
余暇／娯楽		
生きがい／大切にしている価値		

私の優先順位(大事にしている事柄・ものの優先順位)は
1)
2)
3)
4)

私を知るための追加コメントや重要なこと:	
これは私たちが考えた私のストレングスであり、これから目標達成に向けて、新たな項目などを足しながら使っていきます。	私はあなたが目標達成に向けてストレングスアセスメント票を使うことに同意します。私はそのために何が必要なのかを考えます。
本人署名　　　　　　　　日付	支援者(相談支援専門員)署名　　日付

参考資料

3 ストレングスアセスメント票の質的評価にあたってのチェックリスト

ストレングスアセスメント票の質的評価にあたってのチェックリスト

サービス利用者の氏名_____　　日付チェック_____
支援者名_____
確認者名_____

① ストレングスアセスメントは、利用者にとって重要で意味のある本質を捉えていますか。　　はい　多少　いいえ

② 最近の90日間に更新されたストレングスアセスメントの根拠はありますか（これはアセスメント票に記載されたか、あるいは経過記録に反映することができましたか）。　　はい　いいえ

③ 利用者の欲求や願望の詳細と特徴が抽出されていますか（アセスメント票の中央の列を評価します）。　　はい　多少　いいえ

④ 利用者の欲求や願望を優先し、利用者自身の言葉（意味不明の専門用語ではなく）で書かれていますか。　　はい　多少　いいえ

⑤ 利用者の能力や技能の詳細と特徴が程度で示されていますか。　　はい　多少　いいえ

⑥ 環境のストレングスの詳細と特徴が程度で示されていますか。　　はい　多少　いいえ

⑦ アセスメントにおける利用者の関与が明確に示されていますか（利用者自身の言葉で書かれた、個人的なコメント、情報、発言がありますか）。　　はい　多少　いいえ

⑧ ストレングスアセスメントで提供される情報が、最も利用しやすい形ですか（ストレングスそのものを記すだけではなく、目標に達するために潜在的にあるストレングスについても短い記述がありますか）。　　はい　多少　いいえ

⑨ 言葉やコメントにある欠点の記述はストレングスアセスメント票には記さないように配慮していますか。　　はい　多少　いいえ

注釈

4 長期目標を設定する日頃の努力（演習）

長期目標を設定する日頃の努力（演習）

　それぞれの3つのシナリオは、以下の状況に対して、希望を引き出す、ストレングス視点、新しい生き方の再発見を指向するアプローチによって考えてみましょう。
　すでに対応例に示しましたが、あなたの言葉でより具体的に考えてみましょう。

1. 利用者本人の目標が、非現実的、壮大、妄想のような時 ― 利用者が巨大企業の最高責任者になると目標を設定した

1.
2.
3.

2. 利用者本人の目標が曖昧である ― 利用者があなたに言うことが、ただ「幸せに暮らしたい」である

1.
2.
3.

3. 利用者本人に目標がない ― 利用者に対してどのような目標に向かいたか尋ねた際、「わからない」「ない」といった返事である

1.
2.
3.

5 目標設定の準備のためのワークシート

目標設定の準備のためのワークシート

このワークシートはあなた（支援者）が目標を設定しようとしている時の準備の際に役に立ちます。目標は下記の項目がより高い数字である場合に達成するチャンスが高まります。0は全く達成していない状態を指し、10は達成したことを示します。あなたは、進歩（変化）を見出すこと、またどこに注目すべきかを特定することで、時間の経過のなかで評価を繰り返すことができるでしょう。

氏名：

目標：

尺度	0	1	2	3	4	5	6	7	8	9	10
この目標はどの位大切か	重要ではない					まあまあ重要					大変重要
この目標を達成することにどの位自信があるか	自信なし					まあまあ自信あり					非常に自信ある
この目標を達成するために十分な支援はあるか	支援なし					まあまあ支援あり					多くの支援がある
この目標を達成するための時間はあるか	時間なし					まあまあ時間あり					十分な時間ある
この目標を達成するための資金もしくは他の資源はあるか	資源なし					まあまあ資源あり					多くの資源がある
この目標を達成するための情報はあるか	情報なし					まあまあ情報がある					多くの情報がある

6　パーソナルリカバリープラン

パーソナルリカバリープラン

_____ 様

私（利用者）の目標（新しい生き方の再発見の各領域を達成するのに意味があり、重要な目標）
なぜ、その目標が私（利用者）にとって重要ですか

今日何をしますか（達成するために、測ることのできる短期間（今日とは限らない短期間）のステップ）	誰が責任を負いますか（実行する人）	いつ達成しますか（達成期日）	実際の達成日	コメント

上記の目標リストは私の新しい生き方の再発見の各部分の達成に重要です。	この人にとって上記の目標リストは重要であることを認めます。いつでも私は喜んでこの目標に向かってこの人が進むことを手伝います。
本人サイン	支援者（相談支援専門員）サイン

参考資料

7 パーソナルリカバリープランの質的評価

パーソナルリカバリープランの質的評価

利用者氏名：_____　　評価日：_____

支援者氏名：_____　　評価者氏名：_____

長期目標（利用者の言葉を用いる）	
目標は、ストレングスアセスメントのセクションにおける「希望と願望」の項から引用されていること。それは、利用者が情熱を注ぐことを反映しており、本人にとっての価値や意味を内包している	はい いいえ
目標は、利用者自身の言葉で記述されていること	はい いいえ

短期目標（具体的な行動ステップ）	
目標は、小さく、明確で、的確なステップ（行動ステップが書かれた時に、日付を埋める）であること	はい どちらでもない いいえ
行動ステップは肯定的であること（「なされない」だろう、よりも、「なされる」だろう、のように）	はい どちらでもない いいえ
行動ステップは、明確かつ変わり得る達成目標日を持つ（次回の面接で達成され得るものであり、実行中の行動ステップではない）	はい どちらでもない いいえ
行動ステップが（実際に）達成された日付が記録されていること	はい どちらでもない いいえ
目標の進捗が、コメント欄に反映されていること	はい どちらでもない いいえ
行動ステップは、ストレングスアセスメントによって得られた資源の情報が含まれていること	はい どちらでもない いいえ
行動ステップは、普通に地域にある資源の利用を反映する	はい いいえ
ワークシートは、利用者から発せられる明確な事実を反映する （例：利用者自身の言葉で記述され、ステップは、利用者の希望による道すじを反映）	はい いいえ
毎回の面談において用いているパーソナルリカバリープランに関して、明白な根拠が存在すること	はい いいえ

8 グループ・スーパービジョン：ワークシート

利用者　氏名：＿＿＿＿＿＿＿＿＿＿＿＿＿＿＿＿＿＿＿＿＿＿＿＿＿

ストレングスアセスメント票作成の日付：＿＿＿＿＿＿＿＿＿＿＿＿＿＿＿＿
（もし、グループ・スーパービジョンの前に追加され得る、あるいは、拡張した追加的なストレングスがあるならば、その日付を入れてください）

利用者の目標は何か？

　このことは、この時（今）のその人にとって重要で意味のあること、あるいは、その人において熱望を持ち続けるより深い目標を反映できます。もし、この時（今）何をしたらよいかわからないならば、ここで、あなたはそのことを述べることができます。

私（担当の支援者）がチームから受けたい助言は何か

　これは、ブレーンストーミングでチームを導くのに使った簡単な記述、1つの文章であるべきです。これは、利用者の目標を達成することを支援する、目標を達成するのに関わる障壁を克服することを支援することに留意します。特にその人に対して新しい生き方の再発見に関わる目標のためのアイデアを見定めることに関わります。

現在の状況の概観

　これは、その人の目標と、あなたが利用者の支援でこれまで取り組んできたことを達成し、明確にすることに関連する、今のあなたの立場（位置）について、5、6分以内の短い説明です。

参考資料

以下、ブレーンストーミングで出されたアイデアを列記します（アイデアは箇条書きで整理します）。

　　1.
　　2.
　　3.
　　・
　　・
　　・
　　23.
　　24.
　　25.

次のステップ
　ここでは、次回あなたが利用者に対応するために特に何をするのか、あるいは、次回利用者に対応するのにとって重要なステップは何か、を含みます。

フォローアップ報告（1週間後）（次回のグループ・スーパービジョンの時の報告に使います）

■記録

監修・編者

監修　小澤　温(おざわ あつし)（筑波大学人間系教授）
編集　埼玉県相談支援専門員協会
編著　菊本圭一(きくもとけいいち)（日本相談支援専門員協会代表理事・鶴ヶ島市社会福祉協議会）

執筆者一覧 (五十音順)

小澤　温(おざわ あつし) … はじめに、第Ⅰ部第1章、第Ⅱ部第1章～7章
（筑波大学人間系教授）

菊本圭一(きくもとけいいち) … 第Ⅱ部第8章
（日本相談支援専門員協会代表理事・鶴ヶ島市社会福祉協議会）

福井貞亮(ふくい さだあき) … 第Ⅰ部第2章
（カンザス大学社会福祉学部精神保健研究・研修所 研究長）

藤川雄一(ふじかわゆういち) … 第Ⅱ部第8章
（埼玉県相談支援専門員協会代表理事・鶴ヶ島市社会福祉協議会）

相談支援専門員のための
ストレングスモデルに基づく
障害者ケアマネジメントマニュアル
サービス等利用計画の質を高める

2015年8月5日 初版発行
2020年1月5日 初版第3刷発行

監　修	小澤　温
編　集	埼玉県相談支援専門員協会
発行者	荘村明彦
発行所	中央法規出版株式会社
	〒110-0016　東京都台東区台東 3-29-1　中央法規ビル
	営　　業　TEL 03-3834-5817　FAX 03-3837-8037
	書店窓口　TEL 03-3834-5815　FAX 03-3837-8035
	編　　集　TEL 03-3834-5812　FAX 03-3837-8032
	https://www.chuohoki.co.jp/
デザイン・DTP 印刷・製本	株式会社ジャパンマテリアル

定価はカバーに表示してあります。
ISBN978-4-8058-5241-5

本書のコピー、スキャン、デジタル化等の無断複製は、著作権法上での例外を除き禁じられています。また、本書を代行業者等の第三者に依頼してコピー、スキャン、デジタル化することは、たとえ個人や家庭内での利用であっても著作権法違反です。

落丁本・乱丁本はお取り替えします。